Février 2003.

SURVEILLANCE

ELECTRONIQUE

PLANETAIRE

DUNCAN CAMPBELL

SURVEILLANCE ELECTRONIQUE PLANETAIRE

Traduit de l'anglais par
HÉLOÏSE ESQUIÉ

EDITIONS ALLIA
paris, 2001

TITRE ORIGINAL
IC 2000

© Duncan Campbell, 2000.
© Editions Allia, Paris, 2001, pour la traduction française.
© D.R. pour les illustrations.

INTRODUCTION
À L'EDITION FRANÇAISE

Au cours des années 2000 et 2001 seront lancées des enquêtes de grande envergure sur le système extrêmement automatisé mis en place par les Américains et les Anglais pour traiter les renseignements tirés des communications qu'ils interceptent, système souvent évoqué (à tort) sous le nom d'ECHELON. La nature et l'importance de la masse des renseignements recueillis en Europe par les Anglo-Américains ont fait l'objet de nombreux débats depuis la publication en 1997 d'un rapport préparé pour le Parlement Européen par son Bureau d'Evaluation des Options Techniques et Scientifiques (STOA). La publication de ce rapport a provoqué une vive émotion dans l'ensemble des pays européens, qui s'interrogent sur la nature et l'échelle de l'espionnage électronique pratiqué par les Etats-Unis, et s'inquiètent des effets qu'il pourrait avoir tant sur les droits civiques que sur l'industrie européenne.

Le rapport de 1997 condensait les informations contenues dans les deux seules sources directes alors disponibles sur ECHELON[1]. L'année suivante, le STOA passa commande de quatre nouveaux rapports sur "Le développement des technologies d'espionnage et le risque d'abus des informations économiques"[2]. L'un

---

1. Les notes commencent en page 159.

d'entre eux constituait l'édition originale de cette étude, intitulée *Interception Capabilities 2000* (IC 2000)*.

Le rapport IC 2000 apportait de nouvelles pièces à conviction originales au sujet du système ECHELON d'espionnage des satellites commerciaux et de la technologie utilisée pour intercepter les communications privées et commerciales. Bien que la plupart des articles qui ont rendu compte de IC 2000 se soient focalisés sur ECHELON et sur l'utilisation de l'espionnage électronique à des fins économiques, le rapport va bien plus loin – il couvre les questions techniques, politiques et logistiques liées à COMINT. L'annexe technique donne une description détaillée des méthodes de traitement des renseignements tirés de l'espionnage des communications.

La version originale de ce rapport a été présentée au Parlement Européen lors d'une session de deux jours consacrée à la protection des informations et de la vie privée en février 2000. Le 5 juillet, le Parlement Européen votait la constitution d'un comité temporaire de trente-six députés pour débattre des questions soulevées. La veille, le procureur de la République de Paris, M. Jean-Pierre Dintilhac, avait ouvert une enquête

---

* La version originale de ce rapport, commandé par le Parlement européen, avait pour sous-titre: "Les derniers développements en matière d'espionnage des communications par des procédés automatisés d'interception des systèmes multi-langages à larges bandes passant par les exploitants de réseaux internationaux, et leur utilisation dans le ciblage et la sélection COMINT, y compris la reconnaissance vocale".

officielle sur les allégations de dommages causés aux intérêts de l'industrie française par les Etats-Unis et leurs plus proches alliés. La D.S.T. a été mandatée pour réunir des preuves dans cette enquête, qui faisait suite à une plainte de M. Thierry Jean-Pierre, député européen et ancien juge.

Cette seconde édition offre de nouvelles informations sur les sites et les méthodes d'interception, dont des sous-marins qui ont été aménagés pour mettre sur écoute les informations circulant par câbles sous la Méditerranée. Elle offre également une nouvelle analyse de l'évolution de la politique du gouvernement américain dans le domaine des renseignements économiques au cours des années 90, et présente des informations sur des contrats commerciaux internationaux où le gouvernement américain se félicite d'avoir vaincu des industries françaises rivales telles qu'Alcatel et Thomson CSF. Cette nouvelle édition en traduction française de *Interception Capabilities 2000* a été retravaillée pour apporter au public une information à la fois claire et mise à jour sur ces questions.

1. LA POLEMIQUE ECHELON

L'interception des signaux (SIGINT)

1. Ce rapport décrit comment les organisations d'interception des signaux (SIGINT) ont pris des dispositions depuis plus de quatre-vingts ans pour avoir accès à une grande partie des communications internationales. Ces dispositions incluent l'écoute illégale des satellites commerciaux, des communications longue distance dans l'espace, des câbles subaquatiques (par l'utilisation de sous-marins), et l'interception des communications circulant sur Internet. Plus de deux cents structures basées dans l'espace ou utilisant des satellites sont vouées à opérer simultanément pour collecter des informations.

2. L'interception des signaux (SIGINT) est une activité industrielle qui consiste en l'interception à grande échelle et le traitement des télécommunications en tous genres, dans une proportion qui atteindrait des milliards de messages par jour. La nature du travail des agences SIGINT est montrée dans les fictions hollywoodiennes, et dans les récits historiques qui mettent en scène des décrypteurs parvenant en temps de guerre à déchiffrer les codes secrets japonais, allemands ou soviétiques. Aucune de ces représentations ne donne cependant une idée exacte des organismes de renseignements d'aujourd'hui, qui, à cause de la dépendance croissante de la société à l'égard de l'information élec-

tronique, semblent plus que jamais avoir "le pouvoir… d'instaurer une tyrannie totale[3]".

3. Le système actuel de surveillance électronique globale s'est principalement développé à partir des conflits de la Deuxième Guerre mondiale. Mais à un niveau d'analyse plus profond, il est la conséquence inévitable de l'invention de la radio et tient à l'essence même des télécommunications. La radio a rapidement permis aux communicants de transmettre des messages à leurs correspondants par-delà les continents. Mais il y avait une contrepartie : n'importe qui pouvait les écouter. Auparavant, les messages écrits étaient physiquement protégés (à moins que le coursier à qui ils étaient confiés ne soit pris en embuscade, ou qu'un espion ne détourne les communications). L'invention de la radio conféra donc une nouvelle importance à la cryptographie, l'art et la science de créer des codes secrets. C'est elle qui conduisit au marché de l'interception des signaux.

4. Au cours du vingtième siècle, les gouvernements réalisèrent l'importance de posséder des codes secrets efficaces. Mais leurs efforts en ce sens se révélèrent souvent vains. Pendant la Deuxième Guerre mondiale, de vastes organismes de décryptage appartenant aux forces alliées en Angleterre et en Amérique analysèrent et lurent des centaines de milliers de signaux allemands et japonais. Ce qu'ils firent et comment ils le firent demeura un secret précieusement gardé pendant des dizaines d'années. Durant cette période, les agences SIGINT

d'Angleterre et des Etats-Unis, la NSA et le GCHQ[4] mirent en place un réseau d'écoute planétaire reposant sur un accord secret de 1947 appelé UKUSA (UK-USA).

5. Bien que l'alliance UKUSA, à laquelle participent cinq nations, gère le plus grand réseau de surveillance du monde, ses systèmes et ses méthodes sont loin d'être uniques. Au moins trente autres pays emploient des réseaux SIGINT, à l'échelle globale et régionale. La Russie, la Chine, la France et d'autres nations possèdent des réseaux planétaires. Beaucoup de pays développés utilisent SIGINT comme une source de renseignements clef. Même des pays d'Europe plus petits, comme le Danemark, les Pays-Bas ou la Suisse ont récemment mis en œuvre, ou sont en train de le faire, des petites stations d'interception-satellite pour se procurer et traiter des renseignements obtenus par les écoutes des communications civiles. Dans le monde entier, environ quinze ou vingt milliards d'euros sont consacrés chaque année à SIGINT et aux activités concomitantes. La plus grande partie de cette dépense est encourue par les principales nations anglophones de l'alliance UKUSA[5].

Le projet ECHELON

6. ECHELON est une partie décisive du système de surveillance globale géré par l'UKUSA. La tâche des stations ECHELON est d'intercepter et de traiter les communications relayées par des satellites de communication commerciale. D'autres branches de la même

structure interceptent les messages qui circulent sur Internet, à travers des câbles sous-marins, par transmissions radio, sont émis à partir d'équipements secrets installés dans les ambassades ; elles se servent aussi de satellites en orbite pour mettre sur écoute des signaux sur toute la surface de la terre. ECHELON possède, en plus de celles que gèrent les Etats-Unis, des bases terrestres dirigées par la Grande-Bretagne, le Canada, l'Australie et la Nouvelle-Zélande. Bien que certaines bases australiennes et anglaises recoupent le travail des sites ECHELON américains, elles ne sont pas nécessairement appelées bases ECHELON. Mais elles participent toutes du même réseau mondial intégré, et utilisent les mêmes équipements et méthodes pour extraire illégalement informations et renseignements des messages privés, jour après jour, à travers le monde entier.

7. Le premier rapport du STOA au sujet d'ECHELON en Europe[6] suggérait que le système pourrait intercepter "à l'intérieur de l'Europe, tous les e-mails et communications par téléphone ou par fax". Cette assertion s'est avérée exagérée ; ni ECHELON ni le système de surveillance dont il fait partie ne peuvent effectuer une telle chose. On ne dispose pas non plus d'un équipement capable de traiter et de reconnaître le contenu de chaque message vocal ou appel téléphonique. Mais le réseau anglo-américain peut, grâce à des stations sœurs, accéder à la plupart des communications mondiales par satellite et les traiter, en les analysant automatiquement et en les faisant parvenir à des clients qui peuvent être sur d'autres continents.

2. LES ORGANISATIONS COMINT ET LEURS METHODES

Qu'est-ce que l'interception des communications?

8. L'interception des communications (COMINT) constitue l'activité principale de SIGINT. Les autres branches principales de SIGINT traitent les émissions électroniques telles que la télémétrie des radars ou des missiles. COMINT implique l'interception secrète des télécommunications étrangères[7]. La NSA, la plus grande agence conduisant de telles opérations, définit COMINT comme "l'ensemble des informations techniques et des renseignements détournés des communications étrangères par une autre voie que leur médium originaire[8]". Bien que ce rapport évoque des agences et des structures dont la tâche principale est SIGINT, il s'intéresse uniquement à COMINT.

9. COMINT est une activité industrielle de grande envergure qui fournit à ses clients des renseignements sur les développements diplomatiques, économiques et scientifiques. COMINT s'est développé parallèlement aux nouveaux systèmes de télécommunications civiles à haut rendement, il emploie de nombreux techniciens, et fait appel à un très haut degré d'automatisation.

10. Les capacités de COMINT et les contraintes qui pèsent sur son activité gagnent à être considérées dans le

cadre du "cycle de l'information". Les informations COMINT recueillies grâce à l'interception des communications internationales sont depuis longtemps utilisées couramment pour obtenir des données sensibles concernant les individus, les gouvernements et les organisations internationales et commerciales. Ce rapport décrit les structures de son organisation grâce auxquelles les informations économiquement sensibles sont collectées et disséminées, et il fait état de cas où des organisations commerciales européennes ont été espionnées.

11. Les cibles des opérations COMINT sont variées. Les plus traditionnelles sont les messages militaires et les communications diplomatiques entre les capitales nationales et leurs missions à l'étranger. Depuis les années 60, avec l'accroissement du commerce mondial, le collectage de renseignements économiques et d'informations concernant les évolutions scientifiques et économiques est devenu un aspect de plus en plus important de COMINT. Le trafic de drogues, le blanchiment de l'argent, le terrorisme et le crime organisé sont des cibles plus récentes.

12. A chaque fois que, dans un certain but, on obtient l'accès à des réseaux de communications internationales, l'accès à tous les autres types de communications sur le même réseau devient en principe automatique. Il dépend uniquement des commandes reçues par les agences. Ainsi, par exemple, la NSA et son homologue britannique, le GCHQ, utilisèrent au départ les renseignements collectés par COMINT en vue d'autres

objectifs pour ensuite obtenir des données relatives à des opposants politiques à l'intérieur des Etats-Unis entre 1967 et 1975.

L'alliance UKUSA

13. L'alliance UKUSA a été établie par un accord secret de 1947, qui regroupait les structures anglaise et américaine, ainsi que leur personnel et leurs stations. A cet accord de base furent bientôt ajoutés les réseaux de trois pays du Commonwealth, le Canada, l'Australie et la Nouvelle-Zélande. Les organisations ainsi rassemblées sont : le GCHQ anglais, localisé à Cheltenham, en Grande Bretagne, le *Defence Signal Directorate* (DSD) australien, le *Communication Security Establishment* (CSE) du Canada, à Ottawa , et l'organisme néo-zélandais, le *Government Communications Security Bureau* (GCSB) à Wellington. L'accord UKUSA répartit les équipements, les tâches et les résultats entre les gouvernements signataires. Plus tard, d'autres pays dont la Norvège, le Danemark, l'Allemagne et la Turquie signèrent des accords SIGINT secrets avec les Etats-Unis et devinrent des participants "tiers" dans le réseau UKUSA. L'accès de ces derniers aux informations se fait sur une base bien plus réduite que celle des partenaires anglophones.

14. Par l'accord UKUSA, les cinq signataires prenaient la responsabilité de superviser la surveillance en différentes parties du globe[9]. La zone britannique comprenait

l'Afrique et l'Europe, jusqu'à la chaîne de l'Oural ; le Canada prenait en charge les latitudes nordiques et les régions polaires ; l'Australie couvrait l'Océanie. L'accord définit les procédures, les cibles, le matériel et les méthodes de chaque agence. Les règlements internationaux pour la sécurité de SIGINT[10] exigent que toute personne amenée à connaître le fonctionnement de SIGINT et à en faire usage doive d'abord contracter un engagement solennel à garder le secret sa vie durant. Chaque individu qui rejoint un organisme SIGINT de l'UKUSA doit être "endoctriné", et très souvent "réendoctriné" à chaque fois qu'il est admis dans le secret d'un projet spécifique. On lui dit seulement ce qu'il a "besoin de savoir", et la nécessité de secret absolu au sujet de son travail "n'a pas de cesse".

15. Tout ce qui est produit dans les organismes de SIGINT est soumis à des centaines de mots de passe spécifiques qui "compartimentent" l'accès à la connaissance des communications interceptées et aux systèmes utilisés pour les intercepter. "Top Secret COMINT", le niveau de base, constitue déjà une classification plus élevée que "Top Secret". Les documents encore plus hautement protégés sont identifiés "COMINT GAMMA" ; d'autres mots de passe peuvent être ajoutés afin de restreindre encore plus leur circulation. Jusqu'à 1999, de tels documents étaient classifiés Top Secret UMBRA, tandis que les données obtenues par les satellites SIGINT relevaient de la catégorie Top Secret UMBRA ZARF.

16. Les stations des alliés UKUSA forment un seul réseau intégré. Chacune répond à un identifiant unique indiquant sa nationalité d'origine et la technologie à l'œuvre pour chaque site. Par exemple, le site de l'U.S. Air Force à Misawa, au Japon est identifié comme USA39, le principal site d'interception canadien à Leitrim, près d'Ottawa, répond au nom de CAF97, la station pilote néo-zélandaise d'interception des satellites dirigée par des civils correspond à NZC333, une unité SIGINT de l'armée anglaise à Chypre est désignée par UKM253, et la Station NSA de Menwith Hill en Angleterre par USD1000.

17. Jusqu'à 1995, aucun des gouvernements signataires ne reconnut publiquement la collaboration SIGINT internationale. Cette année-là, le gouvernement canadien déclara : "Le Canada collabore avec certains de ses plus proches et plus anciens alliés pour l'échange de renseignements extérieurs… Ces pays et les agences responsables dans chacun d'entre eux sont les Etats-Unis. (avec la *National Security Agency*), le Royaume-Uni (*Government Communications Headquarters*), l'Australie (*Defence Signals Directorate*), et la Nouvelle-Zélande (*Government Communications Security Branch*)." En mars 1999, le gouvernement australien brisa le rang pour affirmer spécifiquement et publiquement que le Defence Signals Directorate (DSD) "coopère effectivement avec des organisations équivalentes d'espionnage des signaux outre-mer sous l'égide de l'alliance UKUSA[11]."

18. Non seulement les stations et les communications fonctionnent en réseau, mais chaque pays de l'UKUSA emploie des officiels gradés comme agents de liaison dans les quartiers généraux des autres pays membres. Les Etats-Unis entretiennent un Bureau Spécial de Liaison (SUSLO) à Londres et Cheltenham, tandis qu'un officiel du SUKLO (Bureau Spécial de Liaison du Royaume-Uni) possède son propre ensemble de bureaux à l'intérieur des quartiers généraux de la NSA à Fort Meade, entre Washington et Baltimore. Au printemps 2000, la directrice adjointe de la NSA d'alors, Barbara McNamara, fut nommée au SUSLO de Londres, devenant de fait l'ambassadrice de l'espionnage des Etats-Unis auprès du GCHQ britannique.

19. Auparavant, le réseau UKUSA se focalisait sur l'endiguement de l'ancienne Union soviétique. Dans les années 90, prétextant de nouvelles priorités comme le terrorisme, le trafic de drogues et la prolifération des armes, il prit le parti d'étendre la surveillance aux principales artères de communication du monde. Bien que les budgets et les équipes des agences COMINT de l'UKUSA aient été allégés après la fin de la Guerre Froide, celles-ci ont réaffirmé leurs exigences d'accès aux communications du monde entier. Dans son discours d'adieu à l'état-major de la NSA en 1992, l'Amiral William Studeman, alors directeur de la NSA, décrivit comment "les demandes pour un accès global accru se multiplient". La partie "commerciale" de cet "accès global" était, dit-il, "une des deux jambes, qui, espérons-le, sera solide, sur laquelle la NSA devra s'appuyer" au siècle

prochain[12]. Néanmoins, à l'ère de l'après-Guerre Froide, l'interception de type COMINT est soumise à des contraintes économiques caractéristiques, comme l'exigence d'adapter les budgets et les moyens aux priorités des consommateurs.

Le système SIGINT américain

20. C'est la NSA qui fournit la plus importante contribution au réseau UKUSA ; contribution connue sous le nom de Système SIGINT américain (USSS). Ce système regroupe : la NSA, des unités de soutien militaire appelées collectivement Service Central de Sécurité, et des branches de la CIA et d'autres organismes de renseignements. Les demandes de renseignements et les données et signaux collectés émanent du monde entier à travers les stations de terrain, ainsi que les RSOC (Centre régional d'opérations SIGINT), et le Centre National des Opérations de Sécurité de la NSA, qui opère depuis ses quartiers généraux de Fort Meade.

21. Bien que la plupart des station NSA sur le terrain soient sous autorité militaire, ce sont les unités civiles qui exécutent tout particulièrement les opérations délicates. La station d'espionnage des satellites de Menwith Hill et celle de Bad Aibling en Allemagne étaient contrôlées directement par la NSA et dirigées par des civils jusqu'en 1995. La première station ECHELON à Yakima, dans l'Etat de Washington, est toujours régie par des civils.

22. Le *Naval Security Group* [Groupe Naval de Sécurité] (NSG) des Etats-Unis gère un RSOC à Kunia, Hawaii,

qui répond à des exigences militaires dans l'archipel du Pacifique. L'U.S. Navy administre également des stations ECHELON à Sugar Grove, en Virginie de l'Ouest, Guam, dans le Pacifique, et Sabana Seca, à Porto Rico. La mission principale de ces stations est le collectage de signaux civils de communications par satellite, dans le cadre du système ECHELON. Norfolk, en Virginie, abrite un centre d'information sur la guerre navale.

23. L'Agence de Renseignements de l'U.S. Air Force (AIA) dirige les bases SIGINT outre-mer, et épaule un RSOC à l'Annexe Medina de la Base de l'Air Force Kelly, à San Antonio, Texas. Chaque RSOC soutient un ou plusieurs commandements militaires. Le centre Medina a la charge de faire fonctionner SIGINT en premier lieu pour le commandement américain principal du Sud et du Centre, couvrant l'hémisphère ouest. Des secteurs de l'AIA contribuent au fonctionnement des stations ECHELON dans quatre sites américains – Sugar Grove, Sabana Seca, Yakima et Guam. Une cinquième unité AIA gère un site d'interception des communications par satellite à Misawa, au Japon.

24. L'armée américaine dirige un troisième RSOC à Fort Gordon, en Georgie, lequel coordonne le soutien militaire de SIGINT pour le commandement américain en Europe. Au milieu des années 90, l'armée américaine a également pris le contrôle de l'administration des deux plus importantes bases de la NSA qui collectent des données SIGINT à l'étranger. La base F83 de Menwith Hill, dans le Yorkshire en Angleterre, est avant tout un centre

de collectage et de traitement des données des satellites SIGINT. Sa seconde fonction majeure, connue sous le nom de MOONPENNY, consiste à intercepter les données des satellites civils ou militaires des autres pays. Gérée en collaboration avec le GCHQ britannique, la base Menwith Hill constitue le plus grand site d'interception du monde. La base NSA F81 de Bad Aibling, en Bavière, fonctionne avec le système GARLICK, qui intercepte également des communications par satellite.

25. En plus de la NSA et des divisions SIGINT des agences militaires de renseignements, des divisions de la CIA gèrent également des sites de collectage d'informations SIGINT, souvent de façon clandestine. En 1968, la CIA établit une station de réception à Pine Gaps, près d'Alice Springs, en Australie, pour recevoir des données de RHYOLITE, un des satellites de la première génération de SIGINT mise en orbite à géostationnement élevé. Beaucoup de sites d'interception sont situés à l'intérieur des ambassades américaines ou dans les bâtiments diplomatiques à proximité ; ils sont dirigés conjointement par la CIA et la NSA par l'intermédiaire d'un organisme nommé *Special Collection Service* [Service Spécial de Collectage] (SCS). Le SCS opère à partir de quartiers généraux protégés situés près de Beltsville dans le Maryland. Ses unités d'interception, qu'on appelle Eléments Spéciaux de Collectage, sont déployées à l'étranger sous le paravent des ambassades américaines et autres couvertures du même type.

26. Comme la NSA, la Grande-Bretagne utilise une

combinaison de personnel civil et militaire pour diriger les sites SIGINT. La branche civile du GCHQ, la *Composite Signals Organisation* [l'Organisation des Signaux Composites] (CSO), dirige le plus grand site ECHELON connu, situé à Morwenstow, en Cornouailles. La CSO utilise également des équipements de surveillance à distance situés au quartier général du GCHQ à Cheltenham, ainsi que des bases outre-mer sur l'Ile de l'Ascension et dans le Golfe.

Les autres organismes de COMINT

27. Après l'alliance UKUSA, la plus grande organisation COMINT du monde est la FAPSI de la Fédération Russe, dont le personnel est estimé à 54 000 employés[13]. La Chine possède également d'imposantes structures SIGINT, dont deux stations sont dirigées vers la Russie et opèrent en collaboration avec les Etats-Unis. La plupart des nations du Moyen-Orient et de l'Asie investissent substantiellement dans SIGINT, en particulier Israël, l'Inde et le Pakistan. Le réseau français, dirigé par la DGSE, comprend un important site d'interception satellite à Domme, près de Sarlat, dans la vallée de la Dordogne.

Comment fonctionne l'interception

28. Le procédé à étapes multiples au moyen duquel, à des fins d'espionnage, des renseignements tirés des comunications sont recherchés, collectés, traités et mis en circulation est similaire dans tous les pays ; il est sou-

vent décrit comme "le cycle de l'information". Les étapes du cycle de l'information correspondent à des spécialités logistiques et techniques distinctes dans la production COMINT. La base de la NSA à Menwith Hill en Angleterre est responsable de la gestion de plus de deux cent cinquante projets top-secret. Ses opérations sont réparties entre trois directions: OP (Opérations et Plans), CP (Procédés de Collectage) et EP (Exploitation et Production).

La planification
29. Planifier, c'est d'abord déterminer ce que demandent les consommateurs. La clientèle est constituée des plus grands ministères du gouvernement commanditaire – en priorité ceux de la Défense, des Renseignements, des Affaires étrangères, de la Sécurité, du Commerce et de l'Intérieur. La gestion de COMINT consiste autant dans l'identification des demandes de données que dans leur traduction en tâches potentiellement réalisables, dans l'établissement des priorités, la préparation de l'analyse et des comptes rendus, ainsi que le contrôle de la qualité du produit COMINT.

30. Une fois les objectifs arrêtés, ils peuvent être répartis sur les équipements spécifiques existants ou les nouveaux équipements de collectage, en fonction du type d'informations requis, de la plus ou moins grande facilité qu'offre la cible, et de l'efficacité probable du collectage.

L'accès et le collectage
31. La première fonction de COMINT est de frayer l'ac-

cès au médium visé de façon à pouvoir intercepter les communications. A l'époque des communications radio longue distance, cette tâche était simple. Le moyen physique utilisé pour transmettre un message est généralement indépendant du type d'information que l'on veut faire parvenir. Par exemple, les systèmes interurbains de relais-radio hertziens, les liens satellites internationaux et les câbles subaquatiques de fibres optiques vont le plus souvent charrier un mélange de télévision, téléphone, fax, liaisons informatiques, messages vocaux, vidéo et informatiques privés. Certains des moyens de communication modernes les plus importants – par exemple les fibres optiques – ne sont pas "en sympathie avec COMINT" et en obtenir l'accès peut nécessiter des méthodes inhabituelles, coûteuses ou peu discrètes.

32. Le collectage vient immédiatement après l'interception, mais il s'agit d'une activité distincte, de nombreux types de signaux pouvant être interceptés sans être traités, sinon peut-être dans le cadre de recherches techniques visant à vérifier que le modèle de communication reste inchangé. Ainsi, une base d'interception satellite chargée d'étudier un satellite de communication récemment mis en service va diriger une antenne pour intercepter tout ce qu'il émet en direction du sol. Une fois que la surveillance aura établi quelle part des signaux émis par le satellite charrie mettons, la télévision ou des communications sans intérêt, ces signaux ne progresseront plus dans le système.

33. Le collectage consiste à la fois à se procurer les informations par le biais de l'interception et à transmettre en aval celles qui présentent un quelconque intérêt pour le traitement et la production COMINT. En raison du taux élevé d'informations utilisées dans de nombreux réseaux modernes de communication, et de la complexité des signaux mis en œuvre dans ceux-ci, il est maintenant fréquent que les enregistreurs à grande vitesse ou les mémoires "instantanées" stockent temporairement une grande quantité de données pendant qu'on effectue le traitement. Les procédés modernes de collectage font appel à des moyens de communication rapides et sûrs pour transmettre les données à travers les réseaux globaux à des analystes en chair et en os sur d'autres continents. La sélection des messages destinés au collectage et au traitement est automatisée dans la plupart des cas, notamment grâce à de grandes banques de données informatiques qui contiennent des informations sur des milliers de cibles présentant un intérêt.

Le traitement

34. Le traitement consiste dans la conversion des informations collectées en une forme adaptée à l'analyse ou en la production de renseignements finis, soit automatiquement, soit sous contrôle humain. Les communications qui arrivent sont généralement converties en un format standard qui permet d'identifier leurs caractéristiques techniques, en même temps que le message (ou le signal) contenu (par exemple les numéros de téléphone des deux correspondants d'une conversation téléphonique).

35. A un stade initial, si cela n'est pas déjà fait lors de la sélection du message ou de la conversation, le signal ou la ligne interceptés seront décrits en notation SIGINT standard. Cette notation identifie d'abord les pays desquels émanent les communications interceptées, généralement par deux lettres. La troisième lettre désigne la classe générale des communications : C pour les interceptions à support commercial, D pour les messages diplomatiques, P pour les stations de police, etc. Une quatrième lettre désigne le type du système de communication (par exemple S pour les communications multichaînes). Des chiffres désignent ensuite les liaisons ou réseaux particuliers. Pour donner un exemple, durant les années 80, la NSA a intercepté et traité à partir de Chicksands, en Angleterre, un flux d'informations sous le code "FRD" (Diplomatie française), tandis que l'agence britannique GCHQ déchiffrait "ITD" (Diplomatie italienne) dans ses quartiers généraux de Cheltenham [14].

36. Le traitement des données peut aussi consister en traduction ou "condensation" (le remplacement du mot-à-mot par un résumé du sens ou des points principaux de la communication). La traduction et la condensation peuvent être automatisées jusqu'à un certain point. Il existe également des appareils permettant la transcription automatique d'un message oral, mais les transcriptions produites de cette manière sont souvent très imprécises ou incorrectes, et demandent une analyse supplémentaire sophistiquée avant de produire des informations utilisables.

La production et la dissémination

37. La production de COMINT consiste en l'analyse, l'évaluation, la traduction et l'interprétation de données brutes de façon à les transformer en renseignements finis. La dissémination est le stade final du cycle de l'information ; elle correspond à la transmission de rapports sous forme de "produits finis" aux consommateurs de renseignements. De tels rapports sont constitués de messages bruts (mais décryptés et/ou traduits), de résumés substantiels, de commentaires ou d'analyses exhaustives. La qualité et la pertinence des rapports disséminés permettent en retour de redéfinir les priorités du collectage d'informations, et complètent de ce fait le cycle de l'information.

38. La nature de la dissémination est très significative ; elle montre comment COMINT est exploité dans le but d'obtenir des avantages économiques. Les activités COMINT sont fortement codées parce que, affirme-t-on, la connaissance du succès de l'interception risquerait de conduire les cibles à changer leurs méthodes de communication pour déjouer les pièges futurs de l'interception. A l'intérieur du système UKUSA, la dissémination des rapports COMINT est limitée à des individus possédant des accréditations de sécurité "SCI"[15] à un niveau élevé. De plus, puisque seuls des officiels patentés ont accès aux rapports COMINT, ils sont également les seuls à pouvoir passer des commandes et, ainsi, contrôler la répartition des tâches. Les employés des compagnies commerciales ne peuvent en principe obtenir d'accrédita-

tion ni d'accès courant à COMINT et bénéficient par conséquent des seules informations COMINT pertinentes commercialement auxquelles les hauts fonctionnaires du gouvernement leur accordent l'accès. La façon dont cela se déroule est expliquée plus loin.

39. La dissémination est de plus soumise, dans l'organisation UKUSA, à des règles nationales et internationales qui stipulent généralement que les agences SIGINT de chaque pays n'ont en principe pas le droit de collecter ou (dans le cas où elles auraient été accidentellement collectées) de conserver ou de disperser des informations concernant des citoyens et des compagnies commerciales d'un autre pays de l'UKUSA. Citoyens et compagnies sont désignés collectivement comme "personnes morales". On applique la procédure opposée si la personne concernée est désignée comme cible par l'organisation COMINT nationale.

40. Par exemple, Hager a décrit [16] comment les officiels néo-zélandais reçurent l'ordre d'enlever de leurs rapports les noms reconnaissables de citoyens ou compagnies des pays de l'UKUSA, en insérant à la place des termes tels que "un citoyen australien" ou "une compagnie américaine". Le personnel anglais de COMINT a également décrit des procédures similaires utilisées à l'égard des citoyens américains après l'adoption en 1978 d'une législation [17] visant à limiter les activités de la NSA dans le domaine des renseignements intérieurs américains.

41. Dans son rapport de 1997-1998, le Commissaire du *Communications Security Establishment* (CSE) canadien suggérait pour la première fois que cette même politique s'appliquait à tous les pays de l'UKUSA et que toutes les agences suivraient la même ligne de conduite vis-à-vis des ressortissants de l'UKUSA. D'après son rapport, la CSE s'est engagée à "respecter les procédures correspondantes de ses proches et anciens alliés" :

> La CSE s'engage explicitement à traiter les communications des ressortissants des pays de la partie seconde de l'UKUSA (voir note 5) d'une manière conforme aux dispositions prises par l'agence de leur pays, dans la mesure où ces dispositions ne contreviennent pas aux lois du Canada. Il s'agit d'un engagement réciproque qui vise à assurer que les états ne prennent pas pour cible les communications les uns des autres ou ne circonviennent pas à leur propre législation en prenant pour cible des communications sur l'ordre les uns des autres. En d'autres termes, qu'ils ne fassent pas indirectement ce qu'il serait illégal pour eux de faire directement[18].

42. Le gouvernement australien affirme que "la DSD et ses vis-à-vis mettent en vigueur des procédures internes pour s'assurer que leurs intérêts nationaux et leur ligne de conduite sont respectés par les autres" et que "les règles appliquées à SIGINT et aux personnes morales australiennes... prohibent la dissémination d'informations sur des personnes morales australiennes acquises accidentellement durant le cours normal de l'interception de communications étrangères ; elles prohibent également l'utilisation ou le stockage, sous toutes ses

formes, de noms de personnes morales australiennes mentionnés dans les communications étrangères[19]." Mais le corollaire est également vrai ; *les agences SIGINT des nations de l'UKUSA ne posent aucune restriction quant à l'accumulation de renseignements sur les citoyens et les entreprises de pays extérieurs à l'UKUSA, y compris tous les pays membres de l'Union Européenne à l'exception du Royaume-Uni.*

3. L'INTERCEPTION DES COMMUNICATIONS INTERNATIONALES

Les communications passant par un exploitant de réseau international (ILC)

43. Il faut garder à l'esprit que les communications internationales venant du Royaume-Uni et des Etats-Unis sont interceptées depuis plus de quatre-vingts ans [20], tout comme celles qui sont dirigées vers ces pays ou qui transitent par eux. Depuis lors, la plupart des liens de communication s'effectuent par des opérateurs de réseau internationaux, en général les agences nationales de PTT ou des entreprises privées. Dans tous les cas, l'usage du système de communication est loué à bail à l'entreprise nationale ou internationale de télécommunication. Pour cette raison, les organisations COMINT utilisent le terme d'ILC (*International Leased Carrier* [exploitant de réseau international]) [21] pour décrire ce collectage.

44. Excepté dans le cas des communications entre pays contigus par câbles terrestres, les télécommunications internationales avant 1960 passaient le plus souvent par la radio à haute fréquence (HF). Ce moyen était en usage pour les communications ILC, et les messages d'ordre diplomatique et militaire. Une caractéristique importante des signaux radio HF est qu'ils sont renvoyés par la ionosphère et la surface de la terre, couvrant un champ de milliers de kilomètres. Ce qui rend possible à la fois la réception et l'interception.

45. La radio à ondes ultra-courtes fut introduite dans les années cinquante pour permettre des communications interurbaines à haute capacité destinées au téléphone, au télégraphe, et plus tard, à la télévision. Les communications par radio à ondes ultra-courtes utilisent des émetteurs à faible puissance et des antennes paraboliques ou paraboloïdes placées en hauteur, sur des tours, par exemple, ou sur des collines ou de grands immeubles. Les antennes ont généralement un diamètre d'un à trois mètres. Etant donné la courbure de la terre, on doit placer des bases de relais tous les trente à cinquante kilomètres.

Les câbles subaquatiques

46. Les câbles de téléphone subaquatiques furent les premiers à offrir des systèmes fiables de communication internationale à haute capacité. Les premiers systèmes avaient une capacité limitée à quelques centaines de lignes téléphoniques simultanées. Les systèmes terrestres à fibres optiques les plus modernes atteignent maintenant la capacité de 10 Gbps (Gigabits par seconde) d'information digitale. Ce qui équivaut à plus de cent-vingt mille lignes téléphoniques simultanées.

Les satellites de communication

47. Les signaux à ondes radio ultra-courtes ne sont pas renvoyés par l'ionosphère et passent directement dans l'espace. Cette propriété permet les communications sur toute la surface du globe et, réciproquement, leur interception dans l'espace et sur terre. La plus grande

constellation de satellites de communication (COM-SAT) est dirigée par l'Organisation Internationale de Satellites de Télécommunication (Intelsat), qui repose sur un traité international. Destinés à fournir des télécommunications en permanence d'un point à un autre, ou à transmettre des radio ou télé-émissions, les satellites de communication sont placés dans ce qu'on nomme orbites "géostationnaires", de façon à ce que, pour l'observateur à terre, ils semblent conserver la même position dans le ciel.

48. Les premiers satellites géostationnaires d'Intelsat furent mis en orbite en 1967. La technologie des satellites progressa rapidement. La quatrième génération de satellites Intelsat, apparue en 1971, offrait une capacité de quatre mille lignes téléphoniques simultanées et était susceptible de maîtriser simultanément toutes les formes de communications existantes – le téléphone, les télex, la télégraphie, la télévision, les données informatiques et les fax. En 2000, Intelsat a lancé 19 satellites de la cinquième à la huitième génération. La dernière peut maîtriser l'équivalent de quatre-vingt-dix mille lignes téléphoniques.

Les techniques de communication

49. Avant 1970, la plupart des systèmes de communication (quel que soit leur support) utilisaient des techniques analogiques ou des systèmes à ondes continues. Depuis 1990, presque toutes les communications sont digitales, et présentent une capacité sans cesse accrue. En 2000, les systèmes à la capacité la plus grande, ins-

tallés pour l'utilisation généralisée d'Internet, ont été nommés STM-64 ou OC-192 ; ils fonctionnent à un taux de données de 10 Gbps (Gigabits par seconde ; un taux de 155 Megabits par seconde suffit à envoyer trois millions de mots à la seconde, ce qui en gros équivaut à un millier de livres par minute). Des liaisons d'une telle capacité sont ainsi utilisées en Europe et aux Etats-Unis pour fournir des accès à Internet. Les câbles de communication internationaux ont maintenant une puissance de 2,5 à 5 Gbps. On trouvera dans l'annexe technique de plus amples informations à ce sujet.

Le collectage des communications par ILC

L'accès

50. Le collectage de COMINT ne peut avoir lieu sans que l'agence de collectage n'obtienne l'accès aux artères de communication qu'elle souhaite observer. Les informations sur les moyens utilisés pour obtenir cet accès sont les mieux gardées au sein de toutes les agences de COMINT, tout comme les renseignements sur les méthodes de décryptage. L'accès est obtenu à la fois avec la complicité des opérateurs de réseaux, et à leur insu.

L'interception des télégrammes : l'opération SHAMROCK

51. De 1945 jusqu'à nos jours, la NSA et les agences qui l'ont précédée aux Etats-Unis ont obtenu systématiquement des bureaux des principales entreprises de

télégraphie l'accès aux messages circulant par câble. Cette activité portait le nom de code SHAMROCK. Elle fut passée sous silence pendant trente ans, jusqu'à ce que l'affaire du Watergate provoque l'ouverture d'enquêtes.

52. A partir de 1945, la NSA et ses prédécesseurs ont donc obtenu systématiquement l'accès aux messages câblés directement des bureaux des grandes compagnies américaines de télégraphie – RCA global, ITT World Communications et la Western Union. Au cours de cette période, le collectage des copies papier de télégrammes fut remplacé par la remise de bandes magnétiques, puis par la connexion directe des centres d'émission aux circuits internationaux de communications. De 1966 à 1973, la CIA a contribué à l'opération en louant des espaces de bureaux à Manhattan. La circulation totale de télégrammes aux Etats-Unis à cette époque était d'environ soixante douze millions de messages par an. Selon la commission Church du Sénat américain[22], les analystes de la NSA sélectionnaient environ cent cinquante mille messages par mois pour en faire un compte rendu (ce qui revient à 1,8 million de messages par an, soit un sur quarante). "Des milliers de ces messages étaient confiés à d'autres agences, sous une forme ou sous une autre".

53. Le 8 août 1975, le lieutenant-général Lew Allen, directeur de la NSA, reconnaissait devant la commission Pike de la Chambre des Représentants, que :

La NSA intercepte systématiquement les communications internationales, les appels téléphoniques comme les messages câblés.

54. Il reconnaissait également que "des messages adressés à des citoyens américains ou émanant d'eux ont été interceptés dans le processus destiné à rassembler des renseignements concernant l'étranger". Les législateurs américains furent d'avis que de telles opérations allaient peut-être à l'encontre de la constitution. Trois mois plus tard, au cours d'une déposition devant le Sénat américain, le général Allen reconnaissait que les "listes de surveillance" de la NSA étaient utilisées comme une "aide pour observer les activités étrangères d'un intérêt quelconque pour les services de renseignements". D'abord ce furent des demandes de renseignements concernant l'influence étrangère sur les groupes pacifistes ou les organisations du *black power* émanant des services secrets de l'Armée en 1967, puis une "liste renforcée" de citoyens américains et étrangers ébauchée en 1966 fut pleinement exploitée à partir de 1970.

55. De 1967 à 1973 (date à laquelle la liste de surveillance fut abandonnée), les noms étaient classés en quatre catégories de cibles. Sous l'intitulé "trafic de drogues international", quatre-cent cinquante noms américains et trois mille noms étrangers furent fournis par le Bureau des Narcotiques et des Drogues Dures. Le FBI demanda des renseignements sur mille noms américains et mille sept cents noms étrangers de personnes présumées "agitateurs publics" ou terroristes. L'Agence de Secret Defense du Pentagone fit circuler

les noms de citoyens américains qui avaient effectué des voyages au Nord-Vietnam. La CIA demanda des renseignements sur trente organisations américaines et sept cents étrangères désignées comme "extrémistes". La NSA utilisa ces listes pour sélectionner les communications internationales des citoyens américains et étrangers à intercepter.

56. Au cours de l'année 1976, une équipe du Département de la Justice fit une enquête sur les crimes éventuellement commis par la NSA. Une partie de son rapport fut rendue publique en 1980. On y trouvait la description suivante de la façon dont les renseignements sur les citoyens américains

étaient obtenus *incidemment* au cours de l'interception par la NSA des communications internationales sonores ou non (par ex. les télex), par la réception des télex acquis par le GCHQ, et par l'interception de la circulation des messages ILC par câbles (SHAMROCK)" (souligné dans l'original) [23].

57. En août 1977, Abdeen M. Jabara, avocat de Detroit, intenta un procès au FBI et devint le premier et le seul Américain à provoquer la révélation de l'échelle et de l'étendue de la surveillance exercée sur lui par la NSA. Jabara avait été pris pour cible par le FBI de 1967 à 1973. Pendant cette période, la NSA avait procuré au FBI le contenu de six appels téléphoniques et télégrammes passés à l'étranger par Jabara [24]. Celui-ci apprit également que la NSA avait disséminé les renseignements ainsi interceptés à treize agences fédérales

américaines et à trois gouvernements étrangers. Plus tard, Jabara obtint temporairement qu'il soit interdit à la NSA de prendre ses communications pour cible par quelque moyen que ce soit, et obligea le FBI à retirer le matériel de ses dossiers.

58. En 1979, Jane Fonda et son mari Tom Hayden se virent refuser par la NSA l'accès à leurs propres messages illégalement interceptés, sous prétexte que ceux-ci représentaient "des informations sensibles et protégées"[25]. En 1982, le correspondant du *New York Times* Harrison Salisbury échoua également dans une procédure similaire. Les poursuites de M. Jabara furent elles aussi finalement bloquées.

L'interception des ondes radio à haute fréquence

59. Les signaux des ondes radio à haute fréquence sont relativement faciles à intercepter; il suffit d'un espace adéquat dans un environnement si possible "calme" en ondes radio. De 1945 au début des années 80, la NSA et le GCHQ possédaient en Ecosse des systèmes d'interception radio HF chargés de collecter les communications ILC européennes[26].

60. Le système d'écoute HF le plus perfectionné utilisé pour l'interception COMINT durant cette période était un important déploiement d'antennes circulaires connu sous le nom de AN/FLR-9, "Flare 9" ou "la cage à éléphant". Les antennes AN/FLR-9 ont plus de quatre cents mètres de diamètre, avec des pylones disposés en

cercles autour d'un édifice central. Elles peuvent simultanément intercepter des signaux venant d'autant de directions et sur autant de fréquences qu'on le désire, et déterminer leur portée. En 1964, les systèmes de réception AN/FLR-9 furent installés à San Vito dei Normanni, en Italie, à Chicksands, en Angleterre, et à Karamursel, en Turquie.

61. En août 1966, la NSA transféra les activités de collectage des ILC de son site à Kirknewton, en Ecosse, et à Menwith Hill, en Angleterre. Dix ans plus tard, cette activité fut à nouveau transférée, cette fois à Chicksands. Bien que la fonction première du site de Chicksands fût alors d'intercepter les communications des forces aériennes des nations du Pacte de Varsovie et des Soviétiques, on lui assigna également la tâche de collecter les ILC et les "NDC" (les communications diplomatiques non-américaines). Le collectage des "FRD" (c'est-à-dire des communications diplomatiques françaises) était la plus importantes de ces nouvelles fonctions. Le personnel de Chicksands était constitué en majorité de membres de l'U.S. Air Force, mais c'étaient des employés civils de la NSA et des responsables du corps diplomatique qui présidaient à l'interception des ILC dans une unité nommée DODJOCC[27].

62. Dans les années 70, les unités COMINT britanniques basées à Chypre furent chargées de collecter les communications HF des nations alliées de l'OTAN, dont la Grèce et la Turquie. Une unité de l'armée anglaise établie à Ayios Nikolaos, dans l'est de Chypre[28], était

chargée de l'interception. Aux Etats-Unis, en 1975, les investigations d'une commission du Congrès américain révélèrent que la NSA collectait des messages diplomatiques adressés à Washington, ou en provenance de Washington, à partir d'un site COMINT à Vint Hill Farms en Virginie. Le Royaume-Uni faisait également partie des cibles de cette base [29].

L'interception dans l'espace de réseaux interurbains

63. Les liaisons d'ondes radio ultra-courtes à longue distance peuvent nécessiter des douzaines de stations intermédiaires pour recevoir et retransmettre les communications. Chaque base de réception ne prélève qu'une petite fraction de l'énergie du signal transmis à l'origine ; le reste franchit la ligne d'horizon et va dans l'espace, où des satellites peuvent le collecter. Ces données furent exploitées dans les années 60 pour assurer le collectage de COMINT dans l'espace. Suivant la nature même du "gaspillage" des ondes ultra-courtes, la meilleure position pour de tels satellites n'est pas au-dessus de la cible choisie mais peut aller jusqu'à 80 degrés de longitude de celle-ci (voir illustration ci-contre).

64. Le premier satellite COMINT américain fut lancé en août 1968 sous le nom de code CANYON, et fut rapidement suivi par un second. Les deux satellites étaient contrôlés depuis la nouvelle station terrestre de Bad Aibling en Allemagne. Pour pouvoir couvrir en permanence les cibles sélectionnées, les satellites CANYON furent placés à proximité d'orbites géostationnaires.

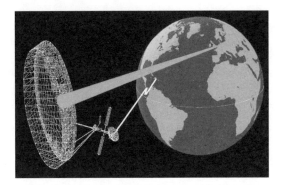

Néanmoins, les orbites n'étaient pas exactes, obligeant les satellites à changer de position pour obtenir plus de données grâce à l'interception des faisceaux hertziens émis par leurs cibles terrestres [30]. Sept satellites CANYON furent lancés entre 1968 et 1977.

65. La première cible de CANYON était l'Union soviétique. Les systèmes de communication majeurs de l'Union soviétique couvraient des milliers de kilomètres, notamment à travers la Sibérie, où le permafrost limitait l'utilisation fiable de câbles souterrains. Les conditions géographiques favorisèrent donc la NSA, en rendant les systèmes de communication soviétiques facilement accessibles. Les satellites remplissant leur rôle mieux que prévu, le projet CANYON fut élargi au point de devenir une partie essentielle des services de renseignements américains.

66. Le succès de CANYON conduisit à la création et au déploiement d'une nouvelle génération de satellites COMINT, baptisés CHALET. La base terrestre choisie pour CHALET fut Menwith Hill, en Angleterre. Le projet P-285 de la NSA devait solliciter des entreprises américaines pour installer le système de contrôle des satellites, les liens terrestres (RUNWAY) et le système informatique au sol (SILKWORTH) et se charger de la maintenance. Les deux premiers satellites CHALET furent lancés en juin 1978 et octobre 1979. Après que le nom du premier satellite fut apparu dans la presse américaine, ils furent rebaptisés VORTEX. En 1982, les "demandes de missions nouvelles" étendues de la NSA furent acceptées et celle-ci reçut des fonds ainsi que du matériel pour faire fonctionner simultanément quatre satellites VORTEX à Menwith Hill. Un nouveau centre d'opérations de cinq mille mètres carrés fut construit pour recevoir les équipements nécessaires. Quand le nom VORTEX fut rendu public en 1987, les satellites furent rebaptisés MERCURY[31].

67. La mission élargie confiée à Menwith Hill après 1985 comprenait le traitement des données collectées au Moyen-Orient par MERCURY. La base reçut une récompense pour avoir contribué aux opérations navales américaines dans le Golfe persique de 1987 à 1988. En 1991, elle en reçut une autre pour son soutien aux opérations en Irak, Tempête du Désert et Bouclier du Désert. Menwith Hill est maintenant le site principal d'espionnage COMINT des Etats-Unis dirigé contre leur allié majeur, Israël. Parmi le personnel, on trouve des

linguistes rompus à l'hébreu, à l'arabe, au persan, aussi bien qu'aux langues européennes. Menwith Hill a été récemment agrandi pour accueillir des liaisons au sol destinées à un réseau de satellites SIGINT lancés en 1994 et 1995 (RUTLEY). Le nom de code de la nouvelle génération de satellites demeure inconnu (voir illustration ci-dessous).

L'interception au sol des liaisons hertziennes

68. Les liaisons hertziennes interurbaines peuvent également être interceptées à partir de sites terrestres adaptés. Pendant près d'une décennie, le gouvernement britannique a mené une vaste opération d'espionnage contre la République Irlandaise par ce moyen. A l'aide d'une tour sans fenêtre de quarante-

huit mètres de haut construite pour l'occasion sur le site d'une centrale nucléaire, le GCHQ a intercepté entre 1990 et 1998 les communications terrestres entrant et sortant de la République Irlandaise (voir illustration ci-contre).

69. La tour était située à Capenhurst, dans le Cheshire. A l'époque de sa construction, les communications internationales de l'Irlande transitaient par l'Angleterre via un câble de fibres optiques subaquatique récemment installé, nommé UK-Ireland 1. Puis les signaux étaient transmis en Angleterre à travers le réseau de tours de "relais-radio" hertzien de British Telecom, centralisé dans la tour de la BT à Londres. Mais, comme la liaison allait de l'Irlande à Manchester, elle passait directement au-dessus de la centrale nucléaire. La tour fut construite spécialement pour détourner et intercepter le faisceau hertzien entre l'Irlande et Manchester.

70. La tour de Capenhurst comportait huit étages d'équipement électronique de pointe, et des galeries d'antennes sur trois étages. Celles-ci servaient à surveiller, extraire et trier des dizaines de milliers de messages à l'heure.

71. Les huit étages d'ordinateurs triaient automatiquement les fax, e-mails, télex et communications informatiques. Les systèmes électroniques high-tech dégageaient une telle chaleur que chaque étage devait posséder quatre systèmes d'air conditionné et de rafraîchissement indépendants les uns des autres. L'énergie nécessaire à

l'installation était prélevée directement à l'accumulateur national – secondé par "un support énergie ininterruptible" pour s'assurer que les ordinateurs voués à l'interception ne s'arrêteraient jamais de fonctionner. La tour était en activité vingt-quatre heures sur vingt-quatre, sous le contrôle d'une équipe de trois membres de la section des "signaux spéciaux" de la Royal Air Force, équipe connue sous le nom d'"Unité d'Introduction Radio". Officiellement, la tour était désignée comme un bâtiment "d'équipement pour tests électroniques" du ministère de la Défense ; sa construction revint à près de vingt millions de livres sterling.

72. Selon des sources bien informées des services de renseignements, bien que la justification primitive du réseau d'interception fût d'obtenir des informations sur le terrorisme, la base eut également accès à des données économiques. En vérité, les communications commerciales et diplomatiques de la République irlandaise faisaient également partie de ses cibles, et la station pouvait également s'emparer des communications personnelles de résidents irlandais notables, à l'aide de listes ciblées de numéros de téléphone ou de systèmes de reconnaissance vocale.

73. La tour fut fermée début 1998, après qu'un nouveau câble eut remplacé les liaisons radio qu'elle était destinée à intercepter. Elle a depuis été remplacée par un réseau encore plus puissant de câbles de fibres optiques qui encerclent l'Angleterre. Ces câbles collectent les communications internationales qui entrent dans le Royaume-Uni, celles qui en sortent, et celles qui transitent par le pays, puis ils les transmettent au GCHQ à Cheltenham. Outre la tour de Capenhurst, les communications de la République Irlandaise étaient également interceptées depuis une base similaire mais plus petite du GCHQ, dans le Comté d'Armagh. Les communica-

tions commerciales par satellite de l'Irlande pourraient bien être interceptées par le réseau ECHELON.

Les satellites SIGINT

74. La CIA a développé une deuxième génération de satellites SIGINT, avec des capacités complémentaires, de 1967 à 1985. Ces satellites, d'abord connus sous le nom de RHYOLITE, puis sous celui d'AQUACADE, étaient dirigés à partir d'une base au sol indépendante à Pine Gap, dans le centre de l'Australie. A l'aide d'une vaste antenne parabolique déployée dans l'espace, RHYOLITE interceptait les signaux à plus basse fréquence sur les bandes VHF et UHF. Des satellites plus récents, plus grands, sont apparus sous le nom de MAGNUM, puis ORION. Parmi leurs cibles, la télémétrie, les ondes radio VHF, les téléphones cellulaires, les messages des *pagers* [récepteurs d'appel], et les liens de transmission de données informatiques.

75. Une troisième génération de satellites, connus d'abord sous les noms de YIELD et JUMPSEAT, puis dernièrement TRUMPET, opère dans des orbites polaires basses hautement elliptiques, qui leur permettent de "planer" pendant de longues périodes au-dessus de latitudes élevées au Nord. C'est grâce à eux que les Etats-Unis collectent les signaux des émetteurs placés sous ces latitudes, qui ne sont que peu couvertes par MERCURY ou ORION. Ces satellites peuvent aussi intercepter les signaux envoyés aux satellites de communication russes situés dans la même orbite ou à proximité.

76. Bien que les détails précis sur les satellites SIGINT américains lancés après 1990 fassent défaut, on peut déduire de l'observation des bases au sol correspondantes que les systèmes de collectage, loin d'avoir diminué, se sont élargis. Les principales bases au sol sont Buckley Field, à Denver, dans le Colorado, Pine Gap en Australie, Menwith Hill en Angleterre et Bad Aibling en Allemagne. Les satellites et leur matériel de maintenance sont exceptionnellement coûteux (de l'ordre d'un milliard de dollars chacun). En 1998, le Bureau National de Reconnaissance américain annonçait des plans visant à intégrer les trois types de satellites dans une Architecture SIGINT Supérieure Intégrée (IOSA) de façon à "améliorer les performances de SIGINT et éviter les dépenses superflues en consolidant les structures et en utilisant des nouvelles technologies pour les satellites et le traitement des données[32]."

77. A l'intérieur des contraintes imposées par la limitation des budgets et les priorités de tâches, les Etats-Unis peuvent, s'ils le décident, diriger les systèmes de collectage dans l'espace de façon à intercepter les signaux émis par les téléphones portables et le trafic interurbain des ondes ultra-courtes en quelque point de la planète que ce soit. Les difficultés géographiques et celles qu'entraîne le fait d'avoir à collecter simultanément des messages venant de tous les coins du globe incitent à penser que ces satellites seront chargés uniquement des cibles de la plus haute priorité nationale et militaire. Ainsi, *bien que les communications européennes passant sur des ondes radio interurbaines soient hautement vulné-*

rables et puissent facilement être collectées, il est vraisemblable qu'elles sont généralement ignorées. Il est en revanche très hautement probable que les communications qui entrent et sortent d'Europe en passant par les réseaux de communications hertziens des Etats du Moyen-Orient sont collectées et traitées.

78. Aucun autre pays (pas même l'ancienne Union soviétique) n'a déployé de satellites comparables à CANYON, RHYOLITE ou leurs successeurs. La Grande-Bretagne (avec le projet ZIRCON) et la France (avec le projet ZENON) ont toutes les deux essayé, mais ni l'une ni l'autre n'ont persévéré. Dans les années 90, le gouvernement britannique a acheté et lancé un satellite dans la constellation américaine MERCURY, principalement à des fins nationales unilatérales[33]. Un officier de liaison britannique haut placé et une équipe du GCHQ travaillent à la base de la NSA à Menwith Hill pour collaborer à la répartition des tâches et à la maintenance de ces satellites.

Le collectage des ILC de COMSAT

79. Le collectage systématique des ILC passant par COMSAT commença en 1971. Deux bases au sol furent construites à cet effet. La première – à Morwenstow, en Cornouailles – possédait deux antennes de trente mètres de diamètre. L'une interceptait les communications de l'Intelsat de l'océan Atlantique, l'autre celles de l'Intelsat de l'océan Indien. Le second site d'interception Intelsat se trouvait à Yakima, dans l'Etat de Washington, au nord-ouest des Etats-Unis. La "Base de Recherche de

Yakima" de la NSA interceptait les communications qui transitaient par le satellite Intelsat de l'océan Pacifique.

80. La capacité d'interception des ILC à l'encontre des satellites de communication occidentaux demeura à ce niveau jusqu'à la fin des années 70, époque où un deuxième site américain fut ajouté au réseau à Sugar Grove, en Virginie de l'Ouest. En 1980, ses trois antennes satellites avaient été réaffectées au Groupe de Sécurité de la Marine Américaine et étaient utilisées pour l'interception de COMSAT. L'expansion à grande échelle du système d'interception des ILC par satellite eut lieu entre 1985 et 1995, en conjonction avec l'élargissement du système de traitement ECHELON. De nouvelles bases furent construites dans les Caraïbes (à Sabana Seca, Porto Rico), le Pacifique (à Guam), au Canada (à Leitrim, Ontario), en Australie (à Kojarena, Australie de l'Ouest) et en Nouvelle-Zélande (à Waihopai, Ile du Sud). Les capacités de Yakima, Morwenstow et Sugar Grove furent augmentées, et continuent de l'être. En l'an 2000, une nouvelle base britannique, probablement destinée aux activités ECHELON dans le bassin méditerranéen, fut créée à Paramaly, à Chypre. Jusqu'à la passation de Hong-Kong sous souveraineté chinoise en 1997, le GCHQ possédait également une base là-bas. La base satellite, dirigée vers l'Asie, portait le nom de code GERANIUM.

81. En se basant sur le simple décompte du nombre d'antennes actuellement installées dans chaque base d'interception COMSAT ou station de satellites COMSAT, on

peut conclure que les nations de l'UKUSA se partagent actuellement au moins deux cents systèmes de collectage par satellite. Le nombre approximatif d'antennes dans les catégories principales est :
– En charge des satellites de communications commerciales occidentales (par ILC) 60
– Contrôlant les satellites d'interception des signaux dans l'espace 40
– Actuellement ou anciennement en charge des satellites de communication soviétiques 50
Les systèmes de la troisième catégorie peuvent avoir été réaffectés à l'interception des ILC (i.e. du type ECHELON) depuis la fin de la Guerre Froide [34].

82. D'autres pays collectent de plus en plus les informations COMINT à partir des satellites. La FAPSI russe possède de vastes sites de collectage au sol à Lourdes (Cuba) et à Cam Rahn Bay au Vietnam [35]. La DGSE et la BND allemande sont soupçonnées de collaborer dans la gestion d'un site de collectage COMINT à Kourou, en Guyane, site dont les cibles sont "les communications américaines et sud-américaines par satellite". La DGSE passe aussi pour avoir des sites de collectage en Nouvelle-Calédonie et dans les Emirats Arabes Unis [36]. Les services secrets suisses ont récemment annoncé un plan de construction de deux bases d'interception COMSAT [37].

L'interception des câbles subaquatiques
83. Les câbles subaquatiques jouent désormais un rôle prédominant dans les communications internationales.

Excepté dans les pays où les opérateurs nationaux de télécommunications assurent un accès à COMINT (comme aux Etats-Unis ou au Royaume-Uni), les câbles subaquatiques apparaissent comme un moyen intrinsèquement sûr, de par la nature de l'environnement maritime.

84. En octobre 1971, il s'avéra que cette sécurité était illusoire. Un sous-marin américain, l'*USS Halibut*, inspecta la mer d'Okhotsk au large de la côte est de l'URSS et enregistra des communications qui passaient dans un câble militaire reliant les quartiers généraux de l'armée à Vladivostok à la péninsule du Kamchatka. L'*Halibut* était équipé d'une capsule de plongée en très basse profondeur, bien en vue sur la poupe du sous-marin. L'U.S. Navy présentait cette capsule comme "un canot de sauvetage en basse profondeur". Mais en réalité, le "canot de sauvetage" était solidement fixé à la coque du sous-marin. Il s'agissait bel et bien d'une capsule de plongée, mais elle était destinée à permettre aux plongeurs de quitter le sous-marin et d'y pénétrer à nouveau, dans les grands fonds.

85. Une fois immergés, les plongeurs sortaient du sous-marin et enroulaient des rubans enregistreurs autour du câble. Après avoir testé le principe, l'*USS Halibut* revint en 1972 et lâcha une nacelle d'enregistrement à haute capacité à côté du câble. Cette technique ne nécessitait pas de détérioration matérielle et il était peu probable qu'elle soit facilement détectée [38].

86. L'opération de mise sur écoute du câble d'Okhotsk se poursuivit pendant dix ans. Elle impliquait régulièrement les voyages de trois sous-marins différents, spécialement équipés pour récupérer les vieilles nacelles et en déposer de nouvelles – parfois plus d'une à la fois. L'écoute du câble d'Okhotsk cessa en 1982, après que sa localisation eut été révélée par un ancien employé de la NSA qui vendit à l'Union soviétique des informations sur l'enregistrement, répondant au nom de code IVY BELLS. Une des nacelles d'IVY BELLS est maintenant exposée au musée de l'ancien KGB à Moscou. L'écoute des câbles dans la mer de Barents n'a jamais été détectée jusqu'à son arrêt en 1992. De nouvelles cibles ont été ajoutées en 1979. Cette année-là, en été, un sous-marin baptisé *USS Parche*, récemment aménagé, fit le voyage de San Francisco à la mer de Barents en passant au-dessous du pôle Nord, et installa un nouveau système d'enregistrement des informations par câbles près de Mourmansk. Son équipage reçut les félicitations du président pour sa réussite.

87. L'enregistrement des câbles subaquatiques ne s'arrêta pas avec la Guerre Froide. Au contraire, il semble avoir été élargi, et dirigé vers des cibles civiles plutôt que militaires. Au cours de l'année 1985, ces opérations furent étendues à la Méditerranée, afin d'intercepter les câbles reliant l'Europe à l'Afrique de l'Ouest[39]. A la fin de la Guerre Froide, le *Parche* fut réaménagé de façon à pouvoir transporter de plus vastes équipements de mise sur écoute des câbles, et de plus grandes nacelles. Le matériel d'enregistrement pouvait désormais être télé-

commandé, à l'aide de robots. Le *Parche* est toujours en activité à l'heure actuelle, mais les cibles précises de ses missions demeurent inconnues.

88. L'administration Clinton accorde de toute évidence une grande valeur aux succès de l'*USS Parche*. Chaque année, de 1994 à 1997, l'équipe du sous-marin a reçu de hautes récompenses[40]. Ses cibles probables sont le Moyen-Orient, le Bassin méditerranéen, l'Extrême-Orient et l'Amérique du Sud. Les Etats-Unis sont, à notre connaissance, la seule puissance navale à avoir déployé sa technologie subaquatique dans ce but.

89. La technologie de mise sur écoute des câbles subaquatiques reste un investissement majeur de la NSA. En 1999, il fut révélé que l'*USS Jimmy Carter* (SSN-23), un nouveau sous-marin nucléaire du type Seawolf, allait être réaménagé en vue de missions de services secrets, pour un coût d'environ quatre cents millions de dollars. Le sous-marin, une fois converti, sera lancé en 2004[41]. Il est actuellement en cours de transformation aux chantiers navals de la Division Générale de Dynamique Electrique Navale à Groton, dans le Connecticut.

90. Selon les publications de l'U.S. Navy, la coque du sous-marin va être agrandie et pourvue d'une "interface océane" présentant de grandes ouvertures pouvant être actionnées sous l'eau. Il pourra transporter, lancer et contrôler des robots subaquatiques. Un "espace électronique reconfigurable" construit dans une structure

"taille de guêpe" contiendra du matériel électronique supplémentaire, "de l'électronique de détection, de traitement et d'analyse" et "différents détecteurs environnementaux à distance".

91. Jusqu'à une date récente, comme on le verra dans la section suivante, ECHELON et des systèmes similaires d'interception des satellites civils ont rendu disponibles des sources de renseignements fructueuses. Mais les systèmes modernes de communication digitale passent de plus en plus par des câbles. Les fibres optiques offrent un niveau de données communicationnelles qui ne peut être égalé par les câbles conventionnels ou les systèmes électromagnétiques. Des câbles subaquatiques d'une échelle de données de 2,5 Gigabits par seconde [42] sont maintenant en usage, tandis que des systèmes plus importants comme FLAG (*Fibre Link Around the Globe*) [Liaison par Fibres Autour du Monde] sont en construction.

92. Des enregistreurs à cassettes inductifs miniaturisés ont également été utilisés pour intercepter les câbles souterrains [43]. Cependant, les câbles de fibres optiques ne laissent pas passer de signaux de fréquences radio et ne peuvent être mis sur écoute par des boucles inductives. La NSA et d'autres agences COMINT ont déjà dépensé de grosses sommes d'argent pour la recherche sur les écoutes de fibres optiques, apparemment sans grand succès. Mais les câbles de fibres optiques longue distance ne sont pas invulnérables pour autant. La clef du problème de l'accès est de toucher aux "répéteurs"

optoélectroniques qui amplifient le niveau des signaux sur les longues distances. En conséquence, un câble subaquatique qui utilise des répéteurs optoélectroniques sous-marins ne peut être considéré comme à l'abri de l'activité d'interception et d'espionnage des communications.

93. L'importante dépense nécessitée par l'*USS Jimmy Carter* montre que le collectage subaquatique secret est une priorité majeure du SIGINT américain pour les deux prochaines décennies. Une simple observation de la carte des câbles subaquatiques dans le monde fait apparaître les cibles principales probables de l'*USS Jimmy Carter*. Les câbles subaquatiques de l'Atlantique et du Pacifique sont presque tous accessibles à partir du territoire UKUSA (parce qu'ils y aboutissent), à des coûts bien inférieurs à ceux d'une opération sous-marine spéciale. Mais les liaisons par câbles dans la Méditerranée, qui relient l'Europe, le Moyen-Orient et l'Afrique du Nord, sont inaccessibles à partir du Royaume-Uni ou des Etats-Unis. Il en va de même du sud et de l'est de l'Asie, en particulier des liaisons par câbles qui relient le Japon et la Chine, Singapour et l'Indonésie. Encore une fois, les Etats-Unis sont à ce jour la seule puissance connue pour avoir déployé sa technologie subaquatique dans ce but.

94. La construction et le programme de l'*USS Jimmy Carter* indiquent assez que la NSA ne doute pas de sa capacité à mettre sur écoute et extraire des renseignements des nouvelles générations de câbles subaquatiques de fibres optiques à très haute puissance.

L'interception d'Internet

95. Certains ont prétendu que la spectaculaire importantce qu'ont pris en volume et en contenu Internet et des formes semblables de communication digitale posait un défi aux agences de COMINT. Cela semble incorrect. Pendant les années 80, la NSA et ses partenaires de l'UKUSA faisaient fonctionner un réseau de communications internationales plus important que l'Internet d'alors, mais reposant sur la même technique[44]. Selon son partenaire britannique, "toutes les structures du GCHQ sont reliées entre elles sur le plus grand LAN (*Local Area Network* [Réseau Local]) d'Europe, lequel est connecté à d'autres sites dans le monde via l'un des plus grands WAN (*Wide Area Network*, [Réseau Etendu]) du monde – son principal protocole de réseau est le protocole Internet (IP)[45].

96. Ce réseau mondial est parfois nommé le GWAN (*Global Wide Area Network* [Réseau Global Etendu]), mais possède plusieurs noms de code tenus secrets pour ses composants. Initialement développé sous le nom de projet EMBROIDERY, ce réseau supporte le principal réseau de communications par ordinateur de la NSA, appelé PATHWAY. Le système principal de distribution des informations SIGINT s'appelle NEWSDEALER (anciennement STREAMLINER). Un système crypté de visioconférence répond au nom de code GIGSTER. Le réseau assure des communications mondiales rapides et sûres, pour les bases ECHELON, ainsi que pour beaucoup d'autres structures.

97. Depuis le début des années 90, des systèmes COMINT rapides et sophistiqués ont été développés afin de collecter, filtrer et analyser les types de communications digitales rapides utilisés par Internet. En raison du fait que la plus grande partie de la capacité Internet du monde se trouve aux Etats-Unis ou est connectée avec eux, beaucoup de communications dans le "cyberespace" vont passer par les Etats-Unis, à travers des sites intermédiaires. Les communications de l'Europe avec l'Asie, l'Océanie, l'Afrique ou l'Amérique du Sud transitent habituellement par les Etats-Unis.

98. Les messages Internet standard sont composés de paquets qu'on appelle des "datagrammes". Les datagrammes sont constitués de chiffres représentant leur origine et leur destination, code qu'on appelle les "adresses IP". Les adresses sont particulières à chaque ordinateur connecté à Internet. Leurs sites d'origine et de destination sont intrinsèquement faciles à identifier. Manier, trier et orienter des millions de "paquets" de cette sorte à chaque seconde est fondamental pour le fonctionnement des grands centres Internet. C'est le même processus qui facilite l'accès au trafic pour l'espionnage COMINT.

99. Les routes empruntées par les "paquets" ou "datagrammes" Internet dépendent de l'origine et de la destination des données, des systèmes par lesquels ils entrent sur Internet puis en sortent, et d'une myriade d'autres facteurs, jusqu'à l'heure à laquelle ils sont envoyés. Pour cette raison, les itinéraires passant par l'Ouest des Etats-Unis sont à leur plus faible taux d'activité quand la cir-

culation au centre de l'Europe atteint son usage maximal. Il est par conséquent possible (et raisonnable) pour les messages parcourant une distance physiquement petite dans un réseau européen encombré de passer, par exemple, par un central Internet en Californie. Une forte proportion des communications internationales sur Internet va donc être amenée, de par la nature du système, à transiter par les Etats-Unis et devenir de ce fait accessible au contrôle de la NSA.

100. On peut accéder au trafic Internet soit lorsque les connexions de transmission transitent par les Etats-Unis (ou le Royaume-Uni), soit quand il touche les centraux Internet majeurs. Les deux méthodes ont leurs avantages. L'accès aux systèmes de communication a des chances de demeurer clandestin – tandis que l'accès aux centraux Internet rique d'être plus facilement détectable, mais assure un accès plus aisé à davantage de données et des méthodes de tri plus simples. Bien que les quantités de données en jeu soient immenses, la NSA est en principe limitée légalement au contrôle des communications émanant d'un pays étranger ou y aboutissant. A moins que des mandats spéciaux soient émis, toutes les autres données sont normalement censées être rejetées par la machine avant qu'elles puissent être examinées ou enregistrées.

101. Une grande partie du trafic Internet restant (étranger ou non aux Etats-Unis) est d'un intérêt insignifiant pour les services secrets, ou peut être traité par d'autres moyens. Par exemple, les messages envoyés à des

forums de discussion "Usenet" s'élèvent à 15 Gigaoctets (GB) de données par jour ; en gros l'équivalent de dix milles livres. Toutes ces données sont diffusées à toute personne désirant (ou acceptant de) les recevoir. Comme les autres usagers d'Internet, les agences de renseignements ont ouvert un accès à la source de ces données, les emmagasinent et les analysent. Au Royaume-Uni, l'Agence d'Evaluation et de Recherche de la Défense maintient une base de données d'un Teraoctet qui contient les messages Usenet des quatre-vingt-dix jours précédents [46]. Un service similaire, appelé "Deja News", est à la disposition des usagers du *World Wide Web* (WWW). Les messages destinés à Usenet sont faciles à distinguer. Il est inutile de les collecter clandestinement.

102. Des considérations similaires valent pour le *World Wide Web*, dont la plus grande part est en accès libre. Les "moteurs de recherche" examinent continuellement les sites web et créent des catalogues publics de leur contenu. Alta Vista, Yahoo et Hotbot sont les plus importants sites publics de ce genre. La NSA emploie d'une façon similaire des "bots" (robots) informatiques pour rechercher des informations intéressantes sur le Web. Par exemple, un site web new-yorkais intitulé Cryptome (*http://cryptome.org*) offre des informations publiques complètes sur SIGINT, COMINT et la cryptographie. Le site est fréquemment remis à jour. L'enregistrement des accès au site Cryptome montre que, chaque matin, il est visité par un "bot" du Centre National de Sécurité Informatique

de la NSA, à la recherche des nouveaux dossiers dont il fait ensuite copie [47].

Le trafic Internet de communications étrangères intéressantes pour les services de renseignements – consistant en e-mails, transferts de dossier, "réseaux virtuels privés" créés sur Internet, et autres messages – constituerait donc au mieux un faible pourcentage du trafic sur la plupart des centraux ou liens dorsaux Internet américains. Selon un de ses anciens employés, la NSA avait installé en 1995 un logiciel "limier" pour collecter le trafic transitant par neuf importants centraux Internet (IXP) [48]. Les deux premiers sites de cette sorte identifiés, FIX est et FIX ouest, sont sous le contrôle d'agences gouvernementales américaines. Ils sont géographiquement proches d'emplacements commerciaux voisins, MAE est et MAE ouest (voir tableau 1, page 64). Trois autres de ces sites sont des Points d'accès au réseau développés en premier lieu par la Fondation Nationale de la Science pour fournir à l'Internet américain sa première "colonne vertébrale".

Tableau 1:
L'interception aux centraux internet

SITE INTERNET	EMPLACEMENT	OPÉRATEUR	DÉSIGNATION
FIX est	College Park, Maryland	Gouvernement américain	Central d'information fédérale
FIX ouest	Mountain View, Californie	Gouvernement américain	Central d'information fédérale
MAE est	Washington DC	MCI	Ethernet zone métropolitaine
New York NAP	Pennsauken, New Jersey	Sprintlink	Point d'accès réseau
SWAB	Washington, DC	PSInet / Bell Atlantic	Zone SMDS Washington Bretelle de contournement
Chicago NAP	Chicago, Illinois	Ameritech / Bellcorp	Point d'accès réseau
San Francisco NAP	San Francisco, Californie	Pacific Bell	Point d'accès réseau
MAE ouest	San Jose, Californie	MCI	Ethernet, zone métropolitaine
CIX	Santa Clara, Californie	CIX	Central commercial Internet

L'accès COMINT de la NSA à Internet
par les sites IXP (1995) [49]

103. Le même article (cf. note 48) stipulait qu'une des plus importantes compagnies de l'Internet américain et des télécommunications avait signé un contrat avec la NSA pour développer des logiciels permettant de s'emparer des données Internet intéressantes, et que des accords avaient été conclus avec les plus grands fabricants, Microsoft, Lotus et Netscape, afin qu'ils altèrent leurs produits à destination de l'étranger. Cette dernière allégation a été prouvée (voir l'annexe technique). Mais assurer une telle particularité n'aurait pas grand sens si la NSA ne s'était également frayé un accès général au trafic Internet. Bien qu'elle n'ait pas pris la peine de confirmer ou d'infirmer ces propos, des preuves de la surveillance d'Internet par la NSA furent produites en 1997, au cours d'une affaire de piratage informatique présumé en Angleterre. Des témoins de la branche U.S. Air Force de la NSA reconnurent avoir utilisé des limiers informatiques et des programmes spécialisés pour pourchasser les tentatives de violation des ordinateurs militaires américains. L'affaire tomba à l'eau après que les témoins eurent refusé de fournir des renseignements au sujet des systèmes qu'ils avaient employés[50].

Le collectage secret des signaux à haute capacité

104. Là où l'accès à des signaux présentant de l'intérêt n'est possible par aucun autre moyen, les agences COMINT ont construit des équipements d'interception exceptionnels destinés à être installés dans les ambassades ou dans d'autres locaux diplomatiques, ou même à être portés à la main à des emplacements stra-

tégiques. Mike Frost, ancien employé de l'agence SIGINT canadienne CSE, a publié des descriptions complètes d'opérations de ce type[51]. Bien que les locaux des ambassades en centre ville occupent souvent une position idéale pour intercepter un large champ de communications, allant des téléphones de voitures officielles aux liaisons d'ondes ultra-courtes à haute capacité, le traitement et la mise en circulation de telles information peuvent s'avérer difficiles. Ce genre d'opération de collectage est également hautement risqué pour des raisons diplomatiques. C'est pourquoi les équipements de collectage secret sont spécialisés, sélectifs et miniaturisés.

105. Le *Special Collection Service* [Service Spécial de Collectage] codirigé par la NSA et la CIA fabrique le matériel et entraîne des agents pour les activités de collectage secret. L'un des appareils les plus importants est un disque dur d'ordinateur de la taille d'une valise, ORATORY. ORATORY est en effet une version miniaturisée des ordinateurs Dictionnaire décrits dans la prochaine section ; il est capable de sélectionner les communications non-verbales d'intérêt à partir d'une grande quantité de données à traiter, selon des critères préprogrammés. Un des principaux fournisseurs de la NSA ("l'Opération IDEAS") offre maintenant des récepteurs digitaux micro-miniatures qui parviennent à traiter simultanément les données SIGINT de huit canaux indépendants. Ce récepteur radio est de la taille d'une carte de crédit. Il s'adapte à un ordinateur portable standard. IDEAS affirme, à juste titre, que sa petite

carte "remplit des fonctions qui auraient nécessité, il y a peu, une caisse entière de matériel ".

Les nouveaux réseaux satellite

106. Les opérateurs de télécommunications ont créé des systèmes de téléphones mobiles qui assurent une couverture mondiale continue grâce à des satellites en orbite terrestre basse ou moyenne. On appelle parfois ces systèmes les "systèmes de communications personnelles par satellite" (SPCS). Comme chaque satellite ne couvre qu'une petite zone et se déplace rapidement, un grand nombre de satellites est nécessaire pour assurer une couverture mondiale continue. Les satellites peuvent transmettre les signaux soit directement entre eux, soit à des stations au sol. Le premier système de cette sorte mis au point, Iridium, utilise soixante-six satellites ; ses opérations ont débuté en 1998. Iridium semble avoir posé des difficultés particulières aux agences d'espionnage des communications, du fait que ses signaux et ceux de réseaux similaires à terre ne peuvent être réceptionnés que dans une zone limitée, laquelle peut se situer n'importe où sur la surface du globe. De toute manière, en raison de son coût et de la complexité de son utilisation, seul un très petit nombre de clients a souscrit à Iridium. En l'an 2000, Motorola, l'opérateur d'Iridium, a annoncé la fermeture du réseau. Plus de soixante-dix satellites, dont la construction et le lancement avaient coûté des milliards de dollars, allaient être retirés de leur orbite.

4. LE TRAITEMENT DES COMMUNICATIONS INTERCEPTEES

Les ordinateurs Dictionnaire

L'automatisation de la liste de surveillance

107. En 1975, en décrivant le programme d'interception SHAMROCK devant le Congrès américain, le lieutenant-général Lew Allen, directeur de la NSA, expliquait comment celle-ci se servait de "listes de surveillance" pour établir des comptes rendus de l'activité étrangère susceptible d'intéresser les services secrets [52].

Nous fournissons le détail de chaque message tiré des communications étrangères que nous interceptons qui contient certains noms d'individus ou d'organisations. Ces compilations de noms sont communément appelées "Listes de Surveillance" [53].

Jusqu'aux années 70, la constitution de la liste de surveillance se faisait manuellement. Des analystes examinaient les communications interceptées sur ILC, et rapportaient, condensaient ou analysaient celles qui semblaient se rapporter aux noms ou aux sujets de la liste de surveillance.

108. La nécessité de systèmes de traitement efficaces pour assister les opérateurs humains qui examinaient les données selon la liste de surveillance fut prévue au moment où furent programmés l'interception nouvelle

des communications par satellite et le système de traitement connus aujourd'hui sous le nom d'ECHELON. La première station de ce type fut construite à Morwenstow, en Cornouailles ; elle utilisait de grandes antennes paraboliques pour intercepter les communications qui traversaient l'océan Atlantique et l'océan Indien. La deuxième prit place à Yakima, dans l'Etat de Washington, au nord-ouest des Etats-Unis. Yakima interceptait les communications traversant l'océan Pacifique.

109. On avait prévu que la quantité de messages interceptés à partir des nouveaux satellites serait trop importante pour permettre l'examen et la sélection individuels des messages. Selon l'ancienne équipe de la NSA, on utilisait des ordinateurs pour automatiser le traitement de COMINT dans ces sites[54]. Les principaux ordinateurs impliqués sont connus sous le nom de "Dictionnaires". Les ordinateurs Dictionnaire contiennent les listes de cibles et d'informations liées aux cibles, ce qui permet de sélectionner automatiquement les messages dignes d'intérêt.

110. Les ordinateurs Dictionnaire locaux dans chaque site stockent des bases de données exhaustives sur des cibles spécifiques, avec les noms, les sujets d'intérêt, les adresses, les numéros de téléphone et d'autres critères de sélection. Les messages entrants sont jugés à l'aune de ces critères ; si un rapport est établi, les renseignements bruts sont automatiquement expédiés dans la suite du processus. Ces ordinateurs sont assignés à des tâches

obéissant à plusieurs milliers d'exigences différentes, qu'on appelle "nombres" (codes à quatre chiffres).

111. Assigner des tâches aux Dictionnaires et en tirer des informations fait appel à des procédés familiers à quiconque utilise Internet. Le triage et la sélection effectués par ces ordinateurs peuvent être comparés à l'usage des moteurs de recherche, qui sélectionnent les pages web par mots ou expressions clefs, et établissent des liens. La fonction d'expédition des Dictionnaires peut être comparée au courrier électronique. Quand cela est nécessaire pour le compte rendu, l'analyse, la condensation ou l'expédition, le système fournira des listes des communications recoupant chacun des critères.

112. Pour ce qui est des nouveaux systèmes, il est important de noter qu'avant ECHELON, différents pays savaient ce qui était intercepté et à qui cela était transmis. Dorénavant, à part une petite fraction d'entre eux, tous les messages sélectionnés par les ordinateurs Dictionnaire sont expédiés à la NSA sans être lus localement.

L'ordinateur Dictionnaire de Westminster, à Londres

113. En 1991, la télévision anglaise diffusa une émission sur les opérations de l'ordinateur Dictionnaire au bureau du GCHQ de Westminster, à Londres. Dans l'émission, on affirmait que le système "intercepte secrètement un par un chaque télex qui arrive à Londres, qui en part, ou qui traverse la ville: des mil-

liers de messages diplomatiques, commerciaux et personnels quotidiens. Ceux-ci alimentent un programme connu sous le nom de "Dictionnaire", lequel choisit des mots clefs dans la masse de signaux interceptés, et sélectionne des centaines d'individus et de corporations"[55]. Le programme faisait remarquer que c'était une équipe de sécurité employée par la British Telecom (BT), l'opérateur principal des télécommunications anglaises[56], qui faisait fonctionner les ordinateurs Dictionnaire, bien qu'ils fussent contrôlés et utilisés par le GCHQ. La présence d'ordinateurs Dictionnaire a également été avérée à Kojarena, en Australie, dans l'ancienne base d'interception de Stanley Fort, Hong-Kong, et au GCHQ de Cheltenham, en Angleterre[57].

Le projet P-285 (SILKWORTH)

114. C'est Margaret "Peg" Newsham, ancienne responsable de systèmes informatiques qui travailla sur des projets secrets pour des entreprises sous contrat avec la NSA jusqu'au milieu des années 80, qui révéla les premiers renseignements sur ECHELON et le système d'ordinateurs Dictionnaire. A partir d'août 1978, elle travailla comme coordinatrice de logiciels sur le projet P-285, également connu sous le nom de SILKWORTH, pour Lockheed, à la station Menwith Hill en Angleterre. SILKWORTH était (et demeure) le système au sol de traitement des informations relayées par les satellites d'interception des signaux de l'U.S. Air Force, CHALET, VORTEX et MERCURY. Mlle Newsham exploita également un certain nombre de banques de données SIGINT sur ordinateur, toujours à Menwith Hill.

115. De retour à Sunnyvale, en Californie, Mlle Newsham travailla pour la Lockheed Space and Missiles Corporation. A ce titre, elle étudia des plans pour l'expansion massive du réseau ECHELON. Pendant la durée de son contrat chez Lockheed, elle eut également à s'inquiéter de la corruption, de la fraude et des abus au sein des organisations qui planifiaient et géraient les systèmes électroniques de surveillance. Elle fit part de ses inquiétudes à la Commission Parlementaire Permanente de la Chambre du Congrès sur les Services de Renseignements au début de l'année 1988. Elle leur confia également qu'elle avait été témoin de l'interception d'un appel téléphonique passé par un sénateur américain, Strom Thurmond, alors qu'elle était en poste à Menwith Hill. Ses révélations donnèrent lieu au tout premier rapport sur ECHELON, publié (par nos soins) en 1988 [58]. (Voir illustration de Menwith Hill, p. 45).

116. Les renseignements complets sur ECHELON n'auraient probablement pas attiré sérieusement l'attention du public sans les six années supplémentaires de recherches effectuées par l'écrivain néo-zélandais Nicky Hager, qui enquêta assidûment sur la nouvelle base ECHELON dont les opérations débutèrent en 1989 à Waihopai, sur l'Ile du Sud de la Nouvelle-Zélande. Sorti en 1996, son livre *Secret Power* [59] s'appuie sur des entretiens poussés avec des membres de l'organisation néo-zélandaise d'espionnage des signaux, et sur leur collaboration. Ce livre demeure à nos jours l'exposé le mieux informé et le plus détaillé du fonctionnement d'ECHELON.

Le Projet P-377 (CARBOY II)

117. Au début des années 80, les communications traitées par les ordinateurs Dictionnaire pouvaient facilement être triées, avec une large variété de spécifications possibles pour le trafic non-verbal. Une vaste automation supplémentaire fut programmée au milieu des années 80 à travers deux projets *top secret* de la NSA : P-377 et P-415.

118. Le Projet P-377 – également connu sous le nom de CARBOY II – était un plan établi par la NSA pour les ingénieurs et les scientifiques de Lockheed Space and Missiles Systems, datant de 1982. Le projet prévoyait la création d'un kit standard d'éléments "ADPE" (équipements automatisés de traitement des données) pour équiper les sites ECHELON. Le "kit ordinaire d'équipements automatisés de traitement des données" comprenait les éléments suivants :

Sous-système de traitement des fac-similés
Sous-système de traitement de la voix
Module de collectage de la voix
Matériel de production d'enregistrements (pour le collectage des voix)
Sous-système de traitement des messages télégraphiques
Sous-système de traitement de la télégraphie par multiplexage en fréquence
Sous-système de traitement de la télégraphie par accès multiple à répartition dans le temps
Sous-système d'exploitation indépendant
Sous-système d'exploitation locale

Sous-système de traitement des communications
Distribution de fréquences radio

119. Le projet CARBOY II prévoyait également des systèmes de logiciels pour charger et mettre à jour les bases de données du Dictionnaire. A cette époque, l'équipement *hardware* du sous-système de fonctionnement des Dictionnaires reposait sur un bouquet de mini-ordinateurs DECVAX, reliés à des unités spéciales destinées à traiter et à séparer différents types de communications par satellite. Début 2000, il y eut une fuite d'informations exhaustives et de documents (dont la liste ci-dessus) relatifs au projet P-377, qui atterrirent chez un chercheur américain [60]. Ces documents confirmaient que le développement d'un système commun de composants des Dictionnaires d'ECHELON était bien avancé dès le début des années 80. La réalisation du projet complétait l'automation de l'activité de liste de surveillance qui l'avait précédée.

Le projet P-415 (ECHELON)

120. Une vaste automation supplémentaire du système d'interception par satellite fut programmée au milieu des années 80 sous le nom de Projet P-415. A partir de 1987, le personnel des agences COMINT internationales se rendit aux Etats-Unis pour suivre des cours sur le maniement des nouveaux systèmes informatiques. Des ordinateurs allaient remplacer les analystes qui comparaient des rames entières d'interceptions sur papier aux noms et aux sujets de la liste de surveillance. A la fin des années 80, le personnel des

agences SIGINT de plusieurs pays dont le Royaume-Uni, la Nouvelle-Zélande et la Chine suivit des cours de formation aux nouveaux systèmes informatiques ECHELON.

121. Les plans de l'UKUSA pour l'expansion d'ECHELON semblent dater d'une réunion des chefs occidentaux de SIGINT qui s'est tenue en 1984 à Wellington, en Nouvelle-Zélande. Etaient présents le lieutenant général Lincoln D. Faurer, directeur de la NSA à cette époque, Sir Peter Marychurch, président du GCHQ, et leurs homologues australien et canadien. C'est cette année-là que le Canada commença ses opérations d'interception dans l'espace, quand le premier de quatre radomes fut érigé dans sa principale station d'écoute à Leitrim, au sud d'Ottawa.

122. Les plans discutés au sommet de Wellington commencèrent à prendre corps en 1987, quand l'Australie et la Nouvelle-Zélande annoncèrent toutes deux des projets de construction de nouvelles bases de "communications Défense". L'embarras fut grand lorsque, lors d'une visite en Australie en 1988, Bob Tizard, ministre de la Défense néo-zélandais, révéla que les deux nouvelles stations n'étaient pas destinées aux communications militaires, mais à intercepter les satellites de communications civiles lancés par des pays du Tiers-Monde tels que l'Inde et l'Indonésie. La construction commença plus tard la même année à Blenheim dans l'Ile du Sud de la Nouvelle-Zélande et à Kojarena, Geraldton, près de Perth, dans l'ouest de l'Australie.

123. Le site australien de Geraldton comprend quatre antennes paraboliques d'interception. Les cibles les plus importantes de la station sont les messages diplomatiques et commerciaux du Japon, les communications en tous genres entrant et sortant de la Corée du Nord, et les informations sur l'évolution de l'Inde et du Pakistan en matière d'armement nucléaire. Un second site australien d'interception des communications par satellite, situé à Shoal Bay dans les Territoires du Nord, prend principalement pour cible le voisin du nord de l'Australie, à savoir l'Indonésie. Les sources australiennes affirment cependant que Shoal Bay ne fait pas partie du système ECHELON, dans la mesure où l'Australie refuse de fournir les fruits bruts de l'interception aux Etats-Unis et à l'Angleterre.

124. La station néo-zélandaise de Waihopai fut mise en marche fin 1991, juste avant la chute du mur de Berlin. A l'intérieur du réseau SIGINT global, elle est désignée sous le nom de SIGAD (désignateur d'activité SIGINT) NZC333, et porte aussi le nom de code FLINTLOCK. Elle surveille la région Pacifique en interceptant les signaux au sol des satellites de communications commerciales Intelsat. Le Japon constitue une cible clef. Les informations recueillies par la station vont à toutes les agences de renseignements anglophones, dont la NSA et le GCHQ. Le personnel de la base estime que 20% des données interceptées sont envoyées aux Etats-Unis sans être examinées en Nouvelle-Zélande.

125. Comme les autres stations ECHELON, l'installation de Waihopai est protégée par un fort dispositif de sécurité avec doubles clôtures (en l'occurence électrifiées), détecteurs de présence et caméras infrarouges. En 1996, peu après la publication de *Secret Power*, une chaîne de télévision néo-zélandaise parvint à obtenir des images de l'intérieur du centre d'opérations de la station. En dépit des mesures de sécurité déployées autour de la base, l'auteur Nicky Hager et le reporter de télévision John Campbell avaient réussi à pénétrer dans le site, munis d'une caméra de télévision et d'un escabeau mais sans faire de dégâts. Par de hautes fenêtres incomplètement obturées, ils filmèrent l'extérieur et l'intérieur du centre d'opérations. Ils constatèrent que la station était vide à l'exception d'un gardien (la nuit), et que son fonctionnement était totalement automatisé. Des lumières clignotaient sur de grands casiers de matériel électronique pendant que les messages étaient analysés et renvoyés. Une rangée d'ordinateurs disposés en fer à cheval était inoccupée, avec le code "ENVOI" qui passait sur les écrans vides. A un moment, dans leur film, diffusé sur la chaîne néo-zélandaise TV3 en 1996, la caméra zoome sur le bureau d'un superviseur, montrant aux téléspectateurs que les manuels utilisés par l'agence SIGINT néo-zélandaise étaient en réalité les manuels pour le satellite Intelsat qui assurait les communications du Pacifique Sud. Waihopai est maintenant équipé de deux dômes contenant des antennes paraboliques dirigées vers les satellites Intelsat.

126. Le Projet P-415 faisait largement usage du réseau mondial étendu de la NSA et du GCHQ, pour permettre aux clients éloignés des services de renseignements de passer leur commande par ordinateur à chaque site de collectage, et de recevoir automatiquement les résultats. Les messages entrants sélectionnés étaient comparés aux critères de réexpédition du Dictionnaire. Si un rapport était établi, le renseignement brut était réexpédié automatiquement au bénéficiaire spécifié. Dans des stations telles que Geraldton, plus des trois quarts des messages interceptés sont renvoyés automatiquement à des stations éloignées, sans être examinés sur le site d'interception, ni même par le pays qui gère la base.

Les techniques de traitement des ILC

127. L'annexe technique (voir *infra*) décrit les principaux systèmes utilisés pour extraire les renseignements issus des communications et les traiter. Des explications détaillées sur les méthodes de traitement ne sont pas nécessaires pour comprendre l'essentiel de ce rapport, mais elles permettront aux lecteurs avertis en matière de télécommunications d'évaluer pleinement l'état de la technique.

128. Les messages transmis par fax et les données informatiques (des modems) sont traités en priorité, en raison de la facilité avec laquelle ils sont compris et analysés. Les ordinateurs Dictionnaire, qui représentent la méthode de filtrage et d'analyse principale du trafic non-verbal, utilisent des techniques traditionnelles d'extraction de l'information, telles que les mots clefs.

Des puces spécialisées rapides permettent de traiter de grandes quantités de données par ce moyen. La technique la plus récente est la "reconnaissance des sujets". Le traitement des appels téléphoniques est principalement limité à l'identification des informations liées à l'appel, et à l'analyse du trafic. *De véritables systèmes de "reconnaissance des mots" n'existent pas, et ne sont pas utilisés*, contrairement à ce qu'affirment certaines sources. Mais, en revanche, des systèmes d'identification du locuteur par "empreinte vocale" sont en usage au moins depuis 1995. L'utilisation d'une cryptographie forte affecte aussi peu à peu les capacités des agences COMINT. Mais cette difficulté est compensée par des activités, clandestines ou non, qui visent à subvertir l'efficacité des systèmes cryptographiques fournis par l'Europe ou utilisés dans les pays européens.

129. Les conclusions de l'annexe établissent que les équipements COMINT disponibles actuellement ont la capacité, à la demande, d'intercepter, de traiter et d'analyser tous les types modernes de systèmes de communication auxquels l'accès est obtenu, y compris les plus hauts niveaux d'Internet. Il y a peu de failles dans la couverture. Il est difficile de saisir pleinement l'échelle, la capacité et la rapidité de certains systèmes. Des systèmes spécialisés ont été fabriqués pour traiter les messages des récepteurs d'appels, des radios cellulaires, et des systèmes communications personnelles par satellite.

Documents prouvant
l'existence d'ECHELON

130. En 1998 et 1999, un spécialiste de l'espionnage, le Dr Jeff Richelson, des Archives Nationales de la Sécurité[61] à Washington, D.C., se prévalut de la Loi américaine sur la Liberté de l'Information pour obtenir une série de documents officiels récents de l'U.S. Navy et de l'U.S. Air Force, lesquels confirmaient l'existence du système ECHELON, et décrivaient son ampleur et l'état de son expansion. Ces documents identifient quatre sites d'unités ECHELON et laissent entendre qu'un cinquième site au Japon collecte également des informations à partir de satellites de communication, dans le cadre du système ECHELON.

Les unités ECHELON de Sugar Grove, Virginie, et Yakima, Washington

131. Sugar Grove, dans l'ouest de la Virginie, se trouve à environ trois cent cinquante kilomètres au sud-ouest de Washington, D.C., dans une zone isolée des monts Shenandoah. La base est dirigée par le Groupe Américain de Sécurité Navale et par l'Agence de Renseignements de l'U.S. Air Force. Une nouvelle version du système SIGINT, TIMBERLINE II, fut installée à Sugar Grove durant l'été 1990. Au même moment, selon un dossier déclassé du Commandement du Groupe de Sécurité Navale, fut créé un "département de formation à ECHELON". Une fois la formation achevée, la première des "tâches et fonctions spécifiques" assignées au commandant de la station en 1991 fut "de maintenir et de

faire fonctionner un site ECHELON"⁶². La seconde était de "[mot manquant – probablement "collecter"] des renseignements, les traiter et en rendre compte"⁶³.

132. En janvier 1995, des "Unités ECHELON" de l'U.S. Air Force furent créées à Sugar Grove ainsi qu'à la station de la NSA à Yakima et à Sabana Seca, Porto Rico. La localisation et les fonctions de ces "Unités ECHELON" sont décrites dans l'*Almanach* 1998-1999 ⁶⁴ de l'Agence de Renseignements de l'Armée de l'Air, à l'intérieur de l'article sur leur unité militaire d'origine, le 544ᵉ Groupe de Renseignements, stationné à la base Peterson de l'Air Force, dans le Colorado. Ce groupe débuta ses opérations en septembre 1993, et emploie maintenant cinq cents personnes dans le monde, dans le but de "fournir les informations mondiales liées à l'espace aux agences nationales et aux commandements militaires".

133. Le détachement (DET) 3 du 544ᵉ Groupe de Renseignements de l'U.S. Air Force est stationné à Sugar Grove. L'énoncé de sa mission est le suivant :

fournir un support accru de renseignements aux commandants opérationnels de l'Air Force et aux autres consommateurs de renseignements COMSAT...

diriger les équipements de communications par satellite de façon à soutenir la recherche et l'évolution de missions nationales multi-services...

diriger les équipements de communications par satellite selon les vœux des consommateurs d'informations COMSAT... ce qui est réalisé grâce à une équipe rodée d'opérateurs de systèmes de collectage, d'analystes et de gestionnaires…

fournir à l'AIA un personnel hautement entraîné pour tirer parti des technologies émergentes de façon à satisfaire aux exigences des consommateurs et à s'établir comme leader dans le cadre de COMSAT en restant à la pointe, bien engagés dans le vingt et unième siècle.

134. En 1990, une photographie par satellite montra qu'il y avait quatre antennes à la station de Sugar Grove. Courant 1998, la visite sur place d'une équipe de télévision montra que leur nombre s'élevait désormais à neuf. Toutes étaient dirigées vers le sud-est, profitant à la fois de la topographie locale (une vallée dans cet alignement) et des restrictions légales en matière de transmissions radio dans cette zone. Les satellites interceptés à Sugar Grove sont par conséquent situés au-dessus de l'océan Atlantique, et assurent aussi bien les communications entrant et sortant des Amériques que celles de l'Europe et de l'Afrique. Les communications aboutissant aux Etats-Unis sont inévitablement interceptées à Sugar Grove. Ce fait est reconnu dans les règlements du Groupe de Sécurité Navale, dont la troisième directive au commandant de la station est de "s'assurer que la vie privée des citoyens américains soit correctement protégée". L'historique du site fait également mention d'une série de visites d'inspection par l'avocat général de la NSA, ce qui laisse penser que les opérations menées à Sugar Grove pourraient bien avoir une importance politique inhabituelle.

135. Une autre unité ECHELON, le Détachement 4 du 544ᵉ Groupe de Renseignements, fut mise en service à la station de la NSA à Yakima le 1ᵉʳ janvier 1995. L'énoncé de sa mission n'a pas été publié.

Sabana Seca, unité d'interception COMSAT et ECHELON

136. D'autres informations publiées par l'U.S. Air Force identifient la Station du Groupe Américain de Sécurité Navale à Sabana Seca, Porto Rico, comme une unité ECHELON et un site d'interception COMSAT. Le deuxième détachement du 544ᵉ Groupe de Renseignements de l'U.S. Air Force est stationné à Sabana Seca. Selon des documents de l'AIA, sa mission est "[d'effectuer] le traitement des communications par satellite et leur réexpédition, d'identifier les technologies émergentes, d'entretenir des communications claires" et de "devenir la première base de traitement et d'analyse des communications par satellite du Département de la Défense"[65]. L'énoncé de la mission y ajoute un objectif supplémentaire :

Développer une capacité inédite d'identifier les variations dans un cadre de communications évoluant rapidement, et appliquer cette ressource comme partie intégrante des opérations de renseignements du Département de la Défense au vingt et unième siècle.

137. Une fois de plus, l'énoncé de la mission caractérise les opérations de la station comme étant un système d'interception des satellites COMSAT. Le détachement 2 fut officiellement mis en service le 8 décembre 1995. En

1999, la station de terrain de Sabana Seca semblait avoir au moins quatre radomes pour les communications par satellite, dont l'un était situé à côté d'un système préexistant d'interception des hautes fréquences, orienté vers les communications radio de Cuba.

138. L'histoire officielle des dossiers déclassés de l'Agence de Renseignements de l'u.s. Air Force rapporte (dans une section intitulée "Activation des unités ECHELON") qu'en 1994, l'AIA, la NSA et la NSG "passèrent des accords pour amplifier la participation de l'AIA dans la mission [mot manquant] grandissante"[66], et que l'AIA était censée créer de nouveaux détachements au 544ᵉ Groupe de Renseignements pour ce faire. L'accord faisait référence à un troisième site ECHELON sur l'île de Guam, dans le Pacifique Centre. Il était également précisé que "la participation de l'AIA dans la [mission, mot manquant] était auparavant limitée à l'opération LADYLOVE à Misawa AB [au Japon]".

Leitrim, Ontario, Canada

139. Les Forces armées canadiennes ont publié des informations à propos du rôle du personnel à Leitrim, la station de l'agence SIGINT canadienne, CSE. La base, située près d'Ottawa, dans l'Ontario, possède quatre terminaux satellite, érigés depuis 1984. L'organigramme de l'équipe comprend sept analystes de satellites de communications, des superviseurs et des instructeurs[67].

140. Dans un résumé accessible au public, un analyste des satellites de communications anciennement

employé à Leitrim raconte que son travail nécessitait des compétences dans

> le fonctionnement et l'analyse de nombreux systèmes informatiques COMSAT et les sous-systèmes correspondants... l'utilisation de systèmes d'analyse assistés par ordinateur... et tout une gamme d'équipements électroniques sophistiqués pour intercepter et étudier les communications étrangères et les transmissions électroniques [68].

141. Les rapports des comptes du CSE indiquent également qu'en 1995-96, l'agence prévoyait des paiements de sept millions de dollars à ECHELON et six millions de dollars à Cray (une compagnie qui fabrique des ordinateurs de décryptage superpuissants). Il n'y avait pas d'informations supplémentaires au sujet d'ECHELON [69].

Les cibles des stations ECHELON

142. Le 544ᵉ Groupe de Renseignements (544ᵉ IG) de l'U.S. Air Force a également publié un énoncé de mission d'un caractère inhabituellement politique :

> Le 544ᵉ IG prévoit une situation politique mondiale multipolaire avec de multiples contingences perpétuelles. Economiquement, le pays doit sans cesse faire face à des contraintes budgétaires. Au plan technologique, le 544ᵉ IG prévoit un futur d'architectures informatiques intégrées dans l'espace, avec l'accent mis sur les opérations d'information.

143. Des interrogations quant à la fonction précise d'ECHELON et du 544ᵉ IG se firent jour en Europe et aux Etats-Unis après qu'un journal danois [70] eut publié des informations sur un document industriel non

classé secret lancé sur Internet en 1999[71]. Sous le titre "Notre monde changeant", il s'agissait d'une série de vingt-cinq diapositives différentes. Après avoir montré les sites opératoires du 544e IG aux Etats-Unis, en Europe et au Japon, les diapositives présentaient la tâche du groupe comme la "pêche" à COMINT et d'autres renseignements, pour les transmettre aux centres SIGINT régionaux.

144. Une des diapositives était ainsi légendée : "Beaucoup de petits étangs dans beaucoup de lieux". Deux diapositives montraient alors le "poisson", avec le commentaire suivant : "Beaucoup de nouveaux *poissons*, dans beaucoup d'étangs inconnus. Ils sont nombreux, variés et la technologie les a fait évoluer". Les images et leurs légendes donnaient à voir "des pirates de l'informatique [hackers]... des employés mécontents... des organisations non-gouvernementales (ONG)... la Croix-Rouge". Le *bug* de l'an 2000 était également mentionné. Une image montrait des équipes de la Croix-Rouge en pleine action. Une autre des voyageurs ordinaires à l'aéroport O'Hare de Chicago, avec la question "ami ou ennemi?".

145. Questionné sur le fait que les images du "poisson" indiquaient que des ONG, dont la Croix-Rouge, étaient des cibles de surveillance SIGINT, un porte-parole de l'U.S. Air Force démentit la chose :

Les diapositives n'identifient d'aucune manière et sous aucune forme les ONG comme cibles de renseignements... Toutes les informations sur les cibles, les sources ou les méthodes spécifiques de renseignements sont classées secrètes, de sorte que les informations de ce type sont délibérément exclues du matériel déclassé[72].

Cette réponse est en contradiction avec le caractère des diapositives en question. La seconde des images du "poisson" du 544ᵉ IG montrait Saddam Hussein, Slobodan Milosevic et Osamah Ben Laden. D'autres diapositives évoquaient "l'accès à plusieurs niveaux", les "conduits de comm[unications]" et "le rapport du 1ᵉʳ ECHELON" (*sic*). Nonobstant le démenti officiel, la série de diapositives était clairement destinée à dépeindre le type de cibles SIGINT observées par le système ECHELON.

5. COMINT ET L'ESPIONNAGE COMMERCIAL

La politique d'espionnage commercial

146. L'espionnage commercial a toujours constitué une partie importante du collectage d'informations en provenance de l'étranger; il est devenu une priorité sans cesse grandissante depuis les années 60. En 1970, selon son ancien Directeur exécutif (et ancien chef d'équipe de la NSA), Gerard Burke, le Conseil Consultatif des Renseignements Extérieurs recommandait: "dorénavant l'espionnage commercial devra être considéré comme une fonction de la sécurité nationale, jouissant d'une priorité équivalente à l'espionnage diplomatique, militaire et technologique"[73].

147. Le 5 mai 1977, une rencontre entre la NSA, la CIA et le Département du Commerce permit la création d'un département secret appelé l'*Office of Intelligence Liaison* [Bureau de Liaison des Renseignements] à l'intérieur du Département américain du Commerce. Sa fonction était de traiter les informations présentant un quelconque intérêt pour le Département. Ses missions montrent qu'il était autorisé à recevoir de la NSA les renseignements SCI – COMINT et SIGINT – et à en faire usage. La création de ce bureau offrait un cadre formel permettant aux données de la NSA d'être utilisées pour informer et soutenir les intérêts économiques et commerciaux américains.

La politique de l'administration Clinton

148. Au début des années 90, les politiciens et les chefs des services secrets américains débattirent pour décider si le formidable appareil de renseignements datant de la Guerre Froide, alors sous-employé, devait être réorienté pour recueillir davantage d'informations économiques. Ce n'était pas seulement le commerce international traditionnel qui était en jeu, mais les nouvelles opportunités offertes par la mort du communisme et les marchés en expansion rapide dans les pays que les seigneurs du commerce américain surnommaient "BEM" – Grands Marchés Emergents –, comme la Chine, le Brésil et l'Indonésie.

149. En avril 1992, l'Amiral William O. Studeman, directeur de la NSA, s'adressa à la Chambre du Commerce du Maryland lors d'un déjeuner. Il déclara à son auditoire que, la NSA devant faire face à des coupes claires dans son budget en raison de la fin de la Guerre Froide, l'Agence proposait de prendre de plus en plus pour cibles les affaires économiques des alliés des Etats-Unis et leurs groupes industriels. L'attention de la NSA pourrait en particulier être dirigée non seulement vers les renseignements économiques généraux – les flux d'argent et de matières premières – mais, dit-il, vers les "renseignements compétitifs", dont les offres effectuées et les innovations techniques. Dans l'assistance (bien qu'il l'ignorât à ce moment-là) se trouvait un producteur de la chaîne de télévision ABC, lequel prit note soigneusement.

150. La question de savoir si les services de renseignements américains devaient systématiquement servir les intérêts économiques du pays a été tranchée avec l'élection du président Clinton en 1993. Il a lancé une politique "de soutien agressif aux acheteurs américains dans les compétitions mondiales là où leur victoire est dans l'intérêt national" et a nommé à de hautes fonctions des leveurs de fonds importants du parti démocrate, dont le dernier secrétaire d'Etat au commerce Ron Brown. La nouvelle politique, surnommée "aplanissement du terrain" par l'administration Clinton, impliquait des arrangements pour le collectage, la réception et l'utilisation de renseignements secrets au bénéfice du commerce américain.

151. L'*Office of Intelligence Liaison* tenait une large part dans les nouveaux accords. Après qu'un programme télévisé anglais eut mis en lumière son existence, son nom fut changé en *Office of Executive Support* [Bureau du Soutien Exécutif] [74]. En 1993 toujours, le président Clinton créa un nouveau Conseil Economique National, parallèlement au Conseil de Sécurité National.

152. Le cœur de la nouvelle campagne coordonnée du Commerce était un "Bureau de soutien", créé à l'intérieur du Département. Le "Comité de Coordination pour la Promotion du Commerce", un comité de haut niveau au sein du Département du Commerce, dirigeait le travail du Bureau. Des comptes rendus déclassés du Comité de Coordination pour la promotion du

Commerce de 1994 montrent que la CIA jouait un rôle important dans la récupération des marchés au profit des Etats-Unis. Ce rôle ne se limitait pas à traquer la corruption, ou mettre au jour le lobbying pratiqué par les gouvernements étrangers.

153. Lors d'une série de réunions sur l'Indonésie, durant l'été 1994, des informations furent transmises à seize officiels. Cinq d'entre eux appartenaient à la CIA, dont trois travaillant pour l'*Office of Executive Support* du Département du Commerce. L'un d'entre eux, Robert Beamer, était un membre haut placé de la CIA. Les documents révélaient également que des officiels de la CIA appartenaient à l'équipe de l'*Office of Executive Support*.

154. L'*Office of Executive Support* fournit des résumés hebdomadaires secrets aux officiels de la sécurité. La nature du soutien de la CIA aux activités de renseignements a été largement répercutée aux Etats-Unis : "Des anciens officiels des services de renseignements et d'autres experts affirment que le Département du Commerce conseille régulièrement des compagnies américaines grâce à des informations recueillies par l'espionnage pour les aider à obtenir des contrats à l'étranger[75]."
155. Selon Loch K. Johnson, membre de l'équipe de la commission américaine de réforme des renseignements créée en 1993, des fonctionnaires des départements du Commerce, du Trésor et de l'Etat transmettent des informations à des compagnies américaines, mais sans révéler la source de ces renseignements. "Au Commerce,

aucun code, aucun livre ne stipule quelles informations peuvent être transmises à une compagnie américaine, ni à quel moment", dit-il. Si, par exemple, un officiel du gouvernement apprenait qu'un concurrent étranger était sur le point de signer un contrat recherché par une compagnie américaine, expliquait-il, "un membre du Commerce appelait un cadre américain pour dire "D'après moi, vous pourriez avoir une meilleure chance dans ce contrat si vous ajoutiez un petit quelque chose". Johnson ajoutait : "Ils font circuler les informations. Mais généralement à mots couverts."

156. En 1994, un rapport au comité préposé aux renseignements de la chambre des Représentants affirmait que "le cœur de l'ensemble des services de renseignements dans ce domaine [l'espionnage industriel] s'est focalisé sur la tâche d'avertir les décideurs américains des tentatives de lobbying inter-gouvernemental destinées à désavantager les firmes américaines cherchant à obtenir des marchés internationaux". "Un examen des rapports de renseignements depuis 1986 a mis en évidence environ deux cent cinquante cas de pressions agressives des gouvernements étrangers pour le compte de leurs propres industries en compétition avec des firmes américaines pour des marchés à l'étranger", pouvait-on lire dans le rapport, qui ajoutait que depuis l'arrivée de l'administration Clinton, soixante-douze cas impliquant des marchés d'une valeur de trente milliards de dollars avaient été placés sous le contrôle des services secrets.

Le collectage de renseignements économiques

157. Les officiels américains reconnaissent également que la NSA collecte des renseignements économiques, même si ce n'est pas toujours intentionnel. Le colonel Dan Smith, ancien attaché aux renseignements militaires, a travaillé à l'ambassade américaine de Londres jusqu'en 1993. Il recevait régulièrement la production COMINT en provenance de Menwith Hill. En 1998, il déclara à la BBC que, à Menwith Hill :

> En termes de ramassage des communications, inévitablement, à partir du moment où leur prise est effectuée sur larges bandes, seront interceptées des communications ou conversations qui n'ont rien à voir avec les questions militaires, et il est probable que certaines d'entre elles contiennent des informations au sujet d'affaires commerciales. Techniquement, tout est possible. Techniquement, il peuvent ramasser tous ces renseignements, les trier, et trouver ce qui pourrait être demandé… Mais il n'y a pas de politique enjoignant d'effectuer ces opérations dans l'intérêt d'une compagnie particulière [76].

158. Cet énoncé n'est pas incorrect, mais il néglige les distinctions fondamentales entre la répartition des tâches et la dissémination, et entre les renseignements commerciaux et économiques. Il n'y a pas de preuve que les compagnies d'aucun pays de l'UKUSA soient habilitées à passer commande de collectage COMINT pour servir leurs intérêts particuliers. Mais elles n'en ont pas besoin. Chacun des pays de l'UKUSA autorise des organisations chargées d'évaluer les renseignements de niveau national, et les ministères appropriés à passer

des commandes de renseignements économiques aux organisations COMINT, et à les recevoir. On peut collecter de telles informations dans une kyrielle de buts, Par exemple : l'estimation des prix futurs des matières premières essentielles ; la connaissance des positions politiques d'un pays dans des négociations commerciales ; le contrôle du commerce international des armes ; l'observation de l'évolution des technologies sensibles ; ou encore pour évaluer la stabilité politique et/ou la puissance économique d'un pays visé. N'importe laquelle de ces cibles, et beaucoup d'autres encore, peut produire des renseignement d'une pertinence commerciale évidente. Ce ne sont pas les agences COMINT mais la ou les organisations gouvernementales nationales qui prennent la décision de les redistribuer et de les exploiter ou non.

159. Trois ans avant que les politiciens européens entendent pour la première fois parler d'ECHELON, fut révélée aux Etats-Unis la façon dont le système d'espionnage par satellite servait à obtenir des marchés pour le pays. Un reportage de la BBC News de mai 1995 affirmait que la *National Security Agency* américaine interceptait des fax et des appels téléphoniques commerciaux à partir de stations aux Etats-Unis, au Royaume-Uni et à Hong-Kong. En l'an 2000, la NBC rendit publiques d'autres informations sur les services secrets américains et leurs pratiques d'espionnage commercial 77.

Les effets de "l'aplanissement du terrain"

160. Le résultat le plus saisissant de la nouvelle politique de Clinton se produisit peut-être en janvier 1994, quand le Premier Ministre Edouard Balladur s'envola pour Ryad afin de conclure un marché de vente d'armes, d'avions de ligne, dont l'Airbus européen, avec leur maintenance, d'une valeur de six milliards de dollars. Il revint les mains vides. Le *Baltimore Sun* rapporta plus tard que "à partir d'un satellite de communications commerciales, la NSA s'empara de tous les fax et appel téléphoniques entre le consortium européen Airbus, la compagnie aérienne nationale de l'Arabie Saoudite et le gouvernement saoudien. L'Agence découvrit que les agents d'Airbus offraient des pots-de-vin à un officiel saoudien. Elle transmit l'information aux officiels américains qui appuyaient l'enchère de Boeing Co. et McDonnell Douglas Corp., lesquels triomphèrent l'année dernière dans la compétition à six milliards de dollars"[78], le gouvernement Clinton intervint alors auprès des Saoudiens, et le contrat échut à Boeing.

161. Les services secrets américains jouèrent un rôle décisif dans un second contrat, au Brésil cette fois. En 1994, la NSA intercepta des appels téléphoniques entre Thomson CSF et le Brésil au sujet de SIVAM, un système de surveillance pour la forêt amazonienne d'une valeur de 1,4 milliard de dollars. La compagnie française fut accusée par les Américains d'avoir versé des pots-de-vin à des membres du comité de sélection du gouvernement brésilien. A la suite de l'intervention américaine, le contrat

fut signé avec la Corporation Raytheon – laquelle déclara par la suite : "Le Département du Commerce a travaillé dur pour soutenir l'industrie américaine dans ce projet"[79]. C'est peut-être une coïncidence, mais Raytheon est un des principaux entrepreneurs auxquels fait appel la NSA, y compris sur ECHELON. La compagnie est en charge de la maintenance et des services d'ingénierie de la station d'interception satellite de Sugar Grove, et emploie des spécialistes SIGINT à la base terrestre d'interception des satellites à Denver.

162. En 1993, Howard Teicher, ancien officiel du Conseil National de Sécurité, décrivit dans une émission consacrée à Menwith Hill la façon dont la compagnie européenne Panavia était nommément prise pour cible dans les ventes au Moyen-Orient. "Je me souviens que les mots "Tornado" et "Panavia" – et les informations relatives au porte-avion en question – étaient des cibles prioritaires sur lesquelles nous désirions des informations"[80].

163. Beaucoup d'autres comptes rendus ont été publiés par des journalistes réputés et certains témoins directs qui ont fait état de fréquentes occasions où le gouvernement américain a utilisé COMINT dans des buts commerciaux intéressant la nation. Parmi celles-ci, le ciblage des données concernant les normes d'émission des véhicules japonais[81], les négociations commerciales de 1995 sur l'importation de voitures de luxe japonaises[82], la participation française dans les négociations commerciales du GATT en 1993, et la Conférence économique Asie-Pacifique (l'APEC) en 1997.

Tableau 2 : Contrats remportés grâce à

ANNÉE	SECTEUR INDUSTRIEL	PAYS ACHETEUR
1994	Proctection environnementale SIVAM	Brésil
1994	Satellites de télécommunications	Arabie Saoudite
1994	Câbles de fibres optiques FLAG	International
1994	Electricité – Paiton	Indonésie
1995	Electricité	Tunisie
1995	Avions de ligne	Arabie Saoudite
1995	Télécommunications – MILNET	Emirats Arabes Unis
1996	Incinération d'ordures	Taïwan
1996	Environnement	Liban
1996	Electricité	Israël
1997	Système de contrôle du trafic aérien	Pérou

Des rapports publiés par le Bureau de soutien du Département du Commerce dressent la liste de centaines de contrats où le gouvernement américain affirme avoir remporté des marchés au détriment de concurrents étrangers en intervenant dans l'intérêt du commerce américain. On trouve ci-dessus onze contrats dans lesquels des firmes françaises ou des consortiums franco-européens ont perdu 18 milliards de dollars à la suite de ce type d'interventions. Parmi eux, deux cas importants (SIVAM au Brésil et une vente d'Airbus à l'Arabie Saoudite) où la

la politique américaine de "soutien"

VALEUR (MILLIONS DE $)	COMPAGNIE AMÉRICAINE VICTORIEUSE	GROUPE FRANÇAIS OU EUROPÉEN VAINCU
1 400	Raytheon	Thomson CSF
4 000	AT&T	"Dure compétition des français"
1 400	Nynex	"Dure compétition d'un consortium de la France et de Singapour"
2 600	Mission Energy	Non spécifié
120	General Electric	"Compétition intense de firmes françaises"
6 000	Boeing et Mac-Donnell Douglas	Airbus Industrie
119	AT&T	Alcatel
226	Westinghouse Electric	"a vaincu.... un oligopole européen"
0,3	Ecodit	Anglais, Néerlandais, Danois, Français
300	Mid Atlantic Energy	"Compétition intense de compagnies européennes"
12	Northrop Grumman	Thomson CSF

presse américaine a rapporté que des renseignements obtenus par ECHELON avaient été utilisés. La politique américaine justifie l'emploi de telles interventions qui peuvent impliquer l'interception des signaux dans les cas où les gouvernements étrangers versent des subventions, ou fournissent une assistance diplomatique ou commerciale à leurs propres compagnies. Dans ces cas-là, Washington considère que les interventions américaines, dont l'utilisation de renseignements collectés, se justifient selon le principe de l'"aplanissement du terrain".

164. Le cas du Brésil n'est qu'une des nombreuses *success stories* dont se vante le Bureau de soutien. Ils ne déclarent pas publiquement où et quand le soutien de la CIA ou de la NSA fut décisif dans l'obtention d'un contrat. Mais ils tirent souvent gloire d'avoir battu des concurrents français, allemands ou japonais.

165. En 1995, de même, l'entreprise General Electric Power Systems décrocha un marché de 120 millions de dollars pour bâtir une usine en Tunisie. "Ils ont vaincu une concurrence sérieuse de firmes françaises, allemandes, italiennes et anglaises sur le projet", se félicite le Centre.

166. Pourtant, certains des premiers marchés conclus grâce au "soutien" américain avec l'aide de la CIA comptent parmi ceux où la corruption a joué un rôle plus grand que jamais. En 1994, le Président Clinton parapha en une journée des accords commerciaux d'une valeur de quarante milliards de dollars entre l'Indonésie et des firmes américaines. Parmi les marchés, la construction d'une centrale électrique d'une valeur de 2,6 milliards de dollars à Paiton, Java. A l'époque où le contrat fut signé, les Etats-Unis savaient que l'une des filles du président Suharto était partie prenante dans l'affaire, et que ses intérêts dans le projet s'élevaient à plus de cent cinquante millions de dollars.

167. En mars 2000, dans un article du *Wall Street Journal* intitulé "Pourquoi nous espionnons nos alliés", le directeur de la CIA James Woolsey reconnaissait que la CIA observait des compagnies européennes, mais non

pour se procurer des secrets techniques (prétendait-il). "La plus grande partie des technologies européennes n'en valent pas la peine", écrivait-il. "Nous vous avons espionnés parce que vous pratiquez la corruption. Les produits de vos entreprises sont souvent plus coûteux, moins avancés techniquement, ou les deux, que ceux de vos concurrents américains."

168. En avril 2000, les directeurs de la CIA et de la NSA comparurent devant la Commission de renseignements du Congrès. George Tenet, directeur de la CIA, déclara à la commission : "En réponse aux accusations d'espionnage industriel, l'idée que nous collectons des renseignements pour promouvoir les intérêts commerciaux américains est tout simplement fausse. Nous ne prenons pas pour cibles les compagnies étrangères dans le but d'aider les intérêts commerciaux américains. Si nous agissions ainsi, où tracerions-nous la frontière ? Quelles compagnies aiderions-nous ? Les géants de l'industrie ? Les petits particuliers ? Tous ? Je crois que nous arriverions rapidement à la pagaille."

169. Cette réponse était éhontément mensongère, étant donné que la question de la frontière avait été résolue sept ans plus tôt. Les critères définissant quelles entreprises sont "américaines" et peuvent ainsi bénéficier d'aides sont publiés sur Internet par le Bureau de soutien. Le site comprend un questionnaire auquel les compagnies doivent répondre afin d'avoir droit au soutien commercial du gouvernement américain.

L'espionnage économique au sein de l'UKUSA

170. Au Royaume-Uni, il est légalement spécifié que le GCHQ doit intercepter les communications étrangères (de la façon et au moment où le gouvernement le lui demande) "dans les intérêts de la prospérité économique du Royaume-Uni en relation avec les actions ou intentions de personnes situées en dehors des Iles Britanniques". L'interception commerciale est pratiquée et analysée par la Division K du GCHQ. Le Comité gouvernemental de Renseignements Economiques à l'étranger, l'Equipe Economique du *Joint Intelligence Committee* [Comité Unifié des Renseignements] (JIC), le Trésor public et la Banque d'Angleterre ont tous le pouvoir de définir des cibles commerciales et économiques[83]. Selon un ancien haut-fonctionnaire du JIC, les prises COMINT du gouvernement britannique comportent régulièrement "des plans de compagnies, des télex, des fax et des appels téléphoniques transcrits. Il s'agissait souvent d'appels entre l'Europe et [l'hémisphère] Sud"[84].

171. En Australie, le gouvernement ne fait pas mystère de son utilisation occasionnelle des renseignements économiques. Les informations COMINT intéressantes sur le plan commercial sont en général transmises par la DSD au Bureau d'Evaluation Nationale à Canberra, lequel décide s'il faut les redistribuer, et, le cas échéant, à qui. L'équipe du Bureau peut transmettre l'information à des compagnies australiennes si elle considère

qu'une nation étrangère possède ou recherche un avantage déloyal. Thomson-CSF a compté parmi les cibles de cette activité, utilisée également dans des négociations commerciales avec des acheteurs japonais de charbon et de minerai de fer. Des ententes similaires sont en vigueur dans les autres pays de l'UKUSA, le Canada et la Nouvelle-Zélande.

Le ciblage des pays d'accueil

172. La question de savoir si les Etats-Unis utilisent les équipements d'espionnage de Menwith Hill ou de Bad Aibling, par exemple, pour attaquer les communications de leurs pays d'accueil se pose également. Les documents disponibles suggèrent qu'une telle pratique doit en principe être évitée. Selon Howard Teicher, ancien fonctionnaire du Conseil de Sécurité Nationale, le gouvernement américain ne souhaiterait pas en principe orienter la NSA vers l'espionnage de gouvernements-hôtes comme la Grande-Bretagne :

Mais, il ne faut jamais dire jamais dans ces domaines, car au bout du compte, les intérêts nationaux sont les intérêts nationaux... parfois nos intérêts divergent. Alors ils ne faut jamais dire jamais, surtout dans ces domaines.

6. COMINT ET LA POLICE

173. En 1990 et 1991, le gouvernement américain s'inquiéta de ce que la mise en circulation par l'AT&T Corporation d'un nouveau système de téléphones plus sûrs risquait d'entraver l'activité COMINT. On persuada l'AT&T de retirer son produit du marché. A la place, le gouvernement américain proposa des puces "Clipper" à incorporer dans des téléphones sécurisés. Les puces seraient fabriquées par la NSA, qui enregistrerait également les clefs numériques incorporées et transmettrait cette information aux autres agences gouvernementales pour les stocker et, si nécessaire, les récupérer. Cette proposition s'avéra extrêmement impopulaire, et fut abandonnée. Le gouvernement américain suggéra alors que des copies de la clef de chaque utilisateur soient conservées par des agences non-gouvernementales selon un système appelé "dépôt de clefs" puis "récupération de clefs". Rétrospectivement, il apparaît que le but réel de ces propositions était d'assurer à la NSA un point d'accès unique (ou presque) aux clefs, lui permettant de continuer à avoir un accès global aux communications privées et commerciales.

Dévoiement des exigences de police

174. Entre 1993 et 1998, les Etats-Unis exercèrent une activité diplomatique intense afin de persuader les

nations de l'Union Européenne et de l'OCDE d'adopter leur système de "récupération de clefs". Pendant toute cette période, le gouvernement américain soutenait que le but de l'initiative était d'aider la police. Des documents consultés pour cette étude laissent penser que ces affirmations masquaient en fait les intentions réelles de la politique américaine. Ces documents, obtenus grâce à la Loi américaine sur la liberté de l'information, indiquent que la ligne politique était tracée exclusivement par des dirigeants de la NSA, parfois à l'exclusion complète de la police ou des fonctionnaires de la Justice. Ainsi, quand David Aaron, "ambassadeur de la cryptographie" spécialement mandaté par les Etats-Unis, se rendit en Angleterre le 25 novembre 1996, il était cornaqué par le représentant le plus élevé de la NSA en Angleterre, le Dr James J. Hearn, ancien directeur adjoint de la NSA, qui l'accompagnait. Pourtant M. Aaron n'avait ni rencontré ni consulté les officiels du FBI attachés à son ambassade. A l'entretien qu'il eut avec les officiels du Cabinet Britannique participaient le représentant de la NSA et du personnel du GCHQ – mais aucun officier de police ni officiel de la justice des deux pays.

175. Depuis 1993, à l'insu des membres du Parlement européen et de leurs électeurs, les hauts fonctionnaires responsables de la police de nombreux pays de l'Union Européenne et de la plupart des nations de l'UKUSA se rencontrent une fois par an, lors d'un forum séparé, pour débattre de leurs besoins en matière d'interception des communications. Ces officiels se rencontraient

sous les auspices d'une organisation jusqu'ici inconnue, ILETS (*International Law Enforcement Telecommunications Seminar* [Séminaire International des Télécommunication des organismes de police]). ILETS fut fondé à l'initiative du FBI. Le tableau 3 dresse la liste des meetings ILETS entre 1993 et 1998. (Voir p. 110.)

176. Au cours de leurs rencontres de 1993 et 1994, les participants à ILETS spécifièrent les besoins des polices en matière d'interception des communications. Ces demandes apparaissent dans un document ILETS de 1994 appelé "IUR 1.0". Ce document s'appuie sur un rapport plus ancien du FBI consacré aux "exigences des organismes de police en matière de surveillance des communications électroniques", publié une première fois en juillet 1992, et dans une version révisée en juin 1994. Les exigences définies par l'IUR différaient peu de celles du FBI, mais elles comportaient dix demandes au lieu de neuf. *L'IUR ne spécifiait pas que les polices avaient besoin d'un système de "dépôt de clefs" ou de "récupération de clefs".* La cryptographie n'était mentionnée que dans le contexte d'accords pour la sécurité du réseau.

177. Entre 1993 et 1997, les représentants de la police participant à ILETS restèrent en dehors de la campagne conduite par la NSA au sujet de l'opération de "récupération de clefs", et ILETS n'avança pas non plus de proposition allant dans ce sens, pas même en 1997. Ce qui n'empêcha pas le gouvernement américain, durant la même période, de présenter de façon répétée sa position

comme étant motivée par les besoins exprimés par les organismes de police. Lors de leur rencontre de 1997 à Dublin, les membres d'ILETS ne modifièrent pas l'IUR. Ce n'est qu'en 1998 que fut préparée une nouvelle version de l'IUR avec des exigences qui prenaient en compte la cryptographie. Le gouvernement américain a donc trompé les pays de l'U.E. et de l'OCDE au sujet des véritables intentions qui sous-tendaient sa politique.

178. La ruse américaine n'était de toute façon pas ignorée du responsable officiel de la Commission européenne pour la sécurité de l'information. En septembre 1996, David Herson, à la tête du Groupe des Officiers Supérieurs pour la Sécurité de l'Information, donna son analyse du projet américain de "récupération des clefs" :

Le "maintien de l'ordre" est un paravent pour toutes les autres activités gouvernementales. Nous parlons de renseignements étrangers, là est la question. Il n'y a pas de doute que le "maintien de l'ordre" est un écran de fumée [85].

179. Il faut noter que techniquement, légalement et logistiquement, les exigences en matière de police pour l'interception des communications diffèrent fondamentalement des exigences en matière d'espionnage des communications. Les organismes de maintien de l'ordre (LEA) souhaiteront normalement mettre sur écoute une ligne spécifique ou un groupe de lignes, et ils devront en principe justifier leur requête devant une autorité judiciaire ou administrative avant d'agir. Au contraire, les agences COMINT conduisent de larges "pêches" aux

communications internationales, et opèrent dans le cadre de mandats généraux (quand ils ne se dispensent pas de toute autorité légale). Ils n'ont pas besoin, pour de telles opérations, que les correspondants interceptés soient criminels ou même supposés tels. De telles distinctions sont vitales pour la liberté civile, mais risquent d'être escamotées si la frontière entre les exigences de la police et l'interception des communications à des fins d'espionnage s'efface dans le futur.

Tableau 3 : Rencontres ILETS 1993-1998

ANNÉE	LIEU	PARTICIPANTS HORS UE	PARTICIPANTS UE
1993	Quantico, Virginie, Etats-Unis	Australie, Canada, Etats-Unis, Hong-Kong, Norvège	Allemagne, Danemark, Espagne, France, Pays-Bas, Royaume-Uni, Suède
1994	Bonn, Allemagne	Australie, Canada, Etats-Unis, Hong-Kong, Norvège	Allemagne, Autriche, Belgique, Danemark, Espagne, Finlande, France, Grèce, Irlande, Luxembourg, Pays-Bas, Portugal, Royaume-Uni, Suède
1995	Canberra, Australie	Australie, Canada, Etats-Unis, Hong-Kong, Norvège, Nouvelle-Zélande	Allemagne, Belgique, Espagne, France, Grèce, Irlande, Italie, Pays-Bas, Royaume-Uni, Suède
1997	Dublin, Irlande	Australie, Canada, Etats-Unis, Hong-Kong, Norvège, Nouvelle-Zélande	Allemagne, Autriche, Belgique, Danemark, Espagne, Finlande, France, Irlande, Italie, Luxembourg, Pays-Bas, Portugal, Royaume-Uni, Suède
1998	Ottawa, Canada	Inconnus	Inconnus

7. LES CAPACITES D'INTERCEPTION APRÈS L'AN 2000

Les évolutions technologiques

180. Depuis le milieu des années 90, les agences d'espionnage des communications ont rencontré de sérieuses difficultés pour maintenir un accès global aux systèmes de communication. Ces difficultés vont s'accroître à partir de l'an 2000. La raison majeure en est le glissement des télécommunications vers les réseaux de fibres optiques à haute capacité. Un accès physique aux câbles est nécessaire pour l'interception. A moins que le réseau de fibres ne soit placé à l'intérieur d'un pays collaborant ou qu'il le traverse, l'interception effective n'est possible que par la mise sur écoute des répéteurs optoélectroniques (une fois ceux-ci installés). Cette condition suffit à rendre inaccessibles des réseaux étrangers terrestres de fibres optiques à haute capacité. La taille et le volume de l'équipement nécessaire pour traiter le trafic, avec les systèmes électriques, les systèmes de communication et d'enregistrement, rend l'activité clandestine peu pratique et risquée.

181. Même là où l'accès est aisé (comme pour les COMSAT), la prolifération de nouveaux systèmes va limiter les activités de collectage, en partie parce que les contraintes budgétaires restreindront les nouvelles installations, et en partie parce que certains systèmes (par exemple, le réseau Iridium) sont inaccessibles via les structures existant actuellement.

182. Au cours des quinze dernières années, l'avance substantielle dont jouissait COMINT en informatique et en technologie de l'information a quasiment disparu. Leurs principaux systèmes informatiques se trouvent maintenant partout et ne diffèrent pas de ceux utilisés par les organisations industrielles et académiques de premier plan. La seule différence tient à leur système de protection "TEMPÊTE"[86], qui les empêche d'émettre des signaux radio qui pourraient être utilisés pour analyser leur activité SIGINT.

183. Les organismes d'espionnage des signaux reconnaissent que la longue bataille menée contre la cryptographie civile et commerciale a été perdue. Une communauté académique et industrielle solide est maintenant rompue à la cryptographie et à la cryptologie. Internet et le marché global ont créé un libre flux d'informations, de systèmes et de logiciels. La NSA a échoué dans sa mission de conserver l'accès en prétendant que le "dépôt de clefs" et les systèmes similaires visaient à subvenir aux besoins de la police (plutôt qu'à ceux des organisations COMINT). Reconnaissant le fait, les Etats-Unis libéralisèrent en janvier 2000 leur régime d'exportation de méthodes de cryptage, permettant à des citoyens et à des entreprises non-américains d'acheter et d'utiliser des produits de cryptage puissants.

184. La tendance future de COMINT est probablement à une limitation des sommes investies dans le collectage de COMINT dans l'espace, une utilisation accrue d'agents humains pour remplacer le matériel de collec-

tage ou obtenir des codes, et un effort intensifié pour s'attaquer aux systèmes informatiques étrangers, en utilisant Internet et d'autres moyens (en particulier, pour obtenir l'accès à des dossiers ou communications protégés avant qu'ils soient cryptés).

185. Les tentatives pour restreindre la cryptographie ont néanmoins permis de repousser l'introduction à grande échelle de systèmes de sécurité cryptographiques efficaces. La réduction du coût de mise en service d'un ordinateur a également offert aux agences COMINT la possibilité de déployer des outils de traitement et de triage rapides et sophistiqués, lesquels sont capables de déjouer beaucoup des systèmes de cryptage, sinon tous ceux en vigueur au début des années 90.

186. Des remarques récentes faites aux vétérans de la CIA par l'ex-officier de l'Agence John Millis [87], chef d'équipe du Comité d'Elite Permanent sur les Renseignements de la Chambre des Représentants, illustrent comment l'institution politique américaine envisage ces questions :

L'interception des signaux est en crise… Au cours des cinquante dernières années… Dans le passé, la technologie était l'amie de la NSA, mais depuis quatre ou cinq ans, elle s'est transformée en ennemie de SIGINT.

Les médias de télécommunications ne sont plus favorables à SIGINT. Ils l'étaient auparavant. Quand les signaux RF étaient en usage, n'importe qui se situant dans l'alignement d'un signal RF pouvait le recevoir aussi distinctement que celui à qui il était adressé. Nous sommes passés aux ondes ultra-courtes et des gens ont imaginé une façon ingénieuse de reprendre ce flambeau. Eh bien, à présent, nous sommes en train de passer à des médias qui sont très difficiles d'accès.

Le cryptage est déjà là, et il va s'étendre très rapidement. C'est une mauvaise nouvelle pour SIGINT. Cela va demander un énorme investissement financier dans les nouvelles technologies pour obtenir l'accès et pour s'emparer des informations SIGINT dont nous continuons à avoir besoin.

Le développement de la politique d'interception des organismes de police en Europe

187. Après la seconde rencontre ILETS, à Bonn en 1994, IUR 1.0 fut présenté au Conseil des Ministres et adopté tel quel le 17 janvier 1995 [88]. Durant l'année 1995, plusieurs membres d'ILETS extérieurs à l'Union européenne écrivirent au Conseil pour souscrire à la résolution (non-publiée). Celle-ci ne fut publiée dans le *Journal Officiel* que presque deux ans plus tard, le 4 novembre 1996.

188. Après la troisième rencontre ILETS, à Canberra en 1995, le gouvernement australien fut sollicité pour présenter l'IUR à l'Union Internationale des Télécommunications (UIT). Constatant que "les organismes de police et de sécurité nationale d'un nombre

significatif d'Etats membres de l'UIT se sont mis d'accord sur un ensemble générique d'exigences quant à l'interception légale", le gouvernement australien demanda à l'UIT de recommander à ses constituants d'intégrer les exigences de l'IUR dans les futurs systèmes de télécommunications, attendu que "les coûts pour rendre possibles l'interception légale et les perturbations concomitantes peuvent être amoindris si l'on envisage ces besoins dès le stade de la conception"⁸⁹.

189. Il semble que les membres d'ILETS aient tenu une autre réunion en 1998, au cours de laquelle ils modifièrent et élargirent les formulations de leur charte pour couvrir Internet et les systèmes de communications personnelles par satellite tels qu'Iridium. Le nouvel IUR spécifiait également "des exigences de sécurité supplémentaires pour les opérateurs de réseaux et les fournisseurs de services" ; il présentait de nouvelles et importantes exigences pour les informations personnelles à demander aux souscripteurs en ajoutant des clauses concernant la cryptographie.

190. Le 3 septembre 1998, la nouvelle version de l'IUR fut présentée au Groupe de Travail de la Coopération des polices sous le nom d'ENFOPOL 98. La présidence autrichienne proposa que, comme en 1994, le nouvel IUR soit adopté tel quel comme une résolution du Conseil sur l'interception, "en considération des technologies nouvelles"⁹⁰. Cette fois, le groupe ne donna pas son accord. Après maintes réécritures, on accoucha d'un simple feuillet édulcoré sous la présidence alle-

mande en 1999[91]. Il fut rejeté également, et renvoyé à un nouvel examen. Toutefois, il semble que certains des pays participant à ILETS aient introduit chez eux des mesures similaires à l'échelle nationale. De nouvelles lois sur l'interception des communications, qui reprennent nombre de ces clauses, sont passées en Grande-Bretagne et aux Pays-Bas, et sont actuellement à l'étude dans d'autres pays.

8. VIE PRIVÉE,
LOI ET COMMUNICATIONS INTERNATIONALES

Les conclusions clefs de ce rapport

191. Il existe de vastes systèmes pour accéder à chaque forme moderne importante de communication, les intercepter et les traiter, à de rares exceptions près (voir la section 3, et l'annexe technique).

192. Contrairement à ce que dit la presse, des systèmes efficaces de "reconnaissance des mots" pour sélectionner les appels téléphoniques intéressants pour les services secrets n'existent pas encore, malgré trente ans de recherche. Cependant, des systèmes de reconnaissance du locuteur – en fait, de ses "empreintes vocales" – se sont développés et sont déployés pour reconnaître la voix d'individus ciblés lorsqu'ils passent des appels téléphoniques internationaux.

193. Les initiatives diplomatiques américaines tendant à rechercher l'accord européen pour le système cryptographique du "dépôt de clefs" durant les années 90 masquaient des exigences de collectage des renseignements, et appartenaient à un programme à long terme, lequel a sapé et continue de saper la confidentialité des communications des ressortissants non-américains, dont les gouvernements, les compagnies et les citoyens européens.

194. Il existe une abondance de preuves que les gouvernements des grandes puissances utilisent couramment l'espionnage des communications pour assurer un avantage commercial à leurs compagnies.

195. Ce rapport établit l'existence d'une organisation internationale jusque-là inconnue – ILETS – laquelle, sans débat parlementaire ou public, a établi à l'insu de tous des plans contestables pour exiger des fabricants et des opérateurs de nouveaux systèmes de communication qu'ils intègrent à ces systèmes une possibilité de contrôle à l'usage des organismes de sécurité nationale ou des forces de police.

196. Les organisations COMINT sont maintenant conscientes que les difficultés techniques du collectage des communications s'accroissent, et que la production future risque d'être plus coûteuse et donc plus limitée qu'à présent. La prise en compte de telles difficultés pourrait fournir une base utile pour les options politiques visant à établir des mesures de protection pour les informations économiques, notammment à travers un cryptage efficace (section 7).

SIGINT et la loi internationale

197. Durant les années 80, le personnel et les visiteurs qui pénétraient le Building 600, le bloc d'opération de la RAF Chicksands – base d'écoute de l'U.S. Air Force en Angleterre – passaient un tourniquet et présentaient

leur badge de sécurité pour se retrouver nez à nez avec une plaisanterie interne à SIGINT. Une copie de la Convention des Télécommunications Internationales était collée au mur. La Convention, que les Etats-Unis et l'Angleterre avaient tous deux ratifiée, promettait que les Etats membres protégeraient la confidentialité des communications. En passant, les opérateurs se préparaient à faire le contraire.

198. Cette présentation satirique du traité des télécommunications soulève le paradoxe éternel de l'espionnage – celui-ci implique *ipso facto* de transgresser la loi. Depuis les années 70, les anciens employés de la NSA qui ont parlé de leur travail ont souvent dit qu'on leur inculquait la nécessité du secret parce que "SIGINT est illégal". La publicité grandissante et l'intérêt pour ce problème a soulevé la question du droit général quant à la confidentialité des télécommunications internationales, et celle de son application. SIGINT, qui brise complètement la confidentialité de ces communications, demeure – contrairement à la mise sur écoute individuelle par des micros – en dehors des lois, et échappe à la plupart des juridictions nationales.

199. Deux traités majeurs protègent les communications internationales. Le premier est la Convention des Télécommunications Internationales (ITC), qui fonda l'Union Internationale des Télécommunications, basée à Genève. Elle et ses affiliées sont les instances qui régissent les communications internationales. L'article 22 de l'ITC stipule :

Confidentialité des communications

1. Les membres s'engagent à prendre toutes les mesures possibles, en compatibilité avec le système de télécommunications utilisé, en vue d'assurer la confidentialité de la correspondance internationale.

2. Néanmoins, ils se réservent le droit de communiquer une telle correspondance aux autorités compétentes dans le but d'assurer l'application de leurs lois internationales ou l'exécution des conventions internationales dont ils sont signataires.

200. L'avertissement contrevenant à la promesse de confidentialité des communications ne se réfère qu'aux "lois internationales" des Etats. Les accords SIGINT entre le Royaume-Uni, les Etats-Unis et autres Etats ne sont pas "une convention internationale". La convention autorise uniquement l'application de cette clause pour des buts clairement définis de maintien de l'ordre.

201. La Convention de Vienne sur les relations diplomatiques (1961) ne concerne que les gouvernements, mais apporte des précisions. L'article 27 stipule :

1. L'Etat d'accueil devra permettre et protéger la liberté des communications de la mission diplomatique sur son territoire pour tous buts officiels. En communiquant avec le gouvernement et les autres missions et consulats de l'Etat émetteur, quelle que soit sa position géographique, la mission pourra employer tous les moyens appropriés, dont le courrier diplomatique et les messages codés ou chiffrés. En revanche, la mission ne pourra installer et utiliser un émetteur sans fil qu'avec le consentement du pays d'accueil.

2. La correspondance officielle de la mission devra être inviolable. Par correspondance officielle, est entendue toute correspondance relative à la mission et à ses fonctions.

202. L'article 30 précise :

1. La résidence privée des agents diplomatiques devra jouir de la même inviolabilité et de la même protection que les locaux de la mission.

2. Ses papiers, correspondance et, sauf dans le cas défini dans le paragraphe 3 de l'article 31, ses biens devront de même jouir de la même inviolabilité.

203. La Déclaration universelle des Droits de l'Homme, dont tous les pays de l'UKUSA sont signataires, précise dans l'article 12 que :

Personne ne devra être sujet à une intrusion arbitraire dans sa vie privée, sa famille, son foyer ou sa correspondance, ni à des attaques contre son honneur et sa réputation. Chacun a droit à la protection de la loi contre de telles intrusions et attaques.

204. L'Article 8 de la Convention européenne des Droits de l'Homme exprime la même position, avec des qualificatifs plus précis :

1. Chacun a droit au respect de sa vie privée et familiale, de son foyer et de sa correspondance.

2. Aucune autorité publique ne devra contrecarrer l'exercice de ce droit sauf de façon légale, si cela se révèle nécessaire à l'intérieur d'une

société démocratique, dans les intérêts de la sécurité nationale, de la salubrité publique, ou du bien-être économique du pays, pour la prévention du désordre et du crime, pour la protection de la santé ou de la morale publiques, ou pour la protection des droits et des libertés des autres citoyens.

205. Le quatrième Amendement de la Constitution des Etats-Unis stipule, de même :

Le droit des individus à être en sécurité dans leurs personne, domicile, papiers et effets personnels, ne devra pas être violé par des fouilles et saisies abusives et aucune justification ne saurait en être donnée, sinon la présomption de culpabilité, appuyée par le serment ou l'affirmation, et avec la description précise des lieux qui doivent être fouillés, et des personnes ou effets qui doivent être saisis.

206. Chacune de ces clauses est violée par les activités décrites plus haut. A l'époque où des documents tels que la Déclaration des Droits du peuple américain furent rédigés, il était inconcevable que les tuniques rouges anglaises qui avaient été repoussées dans leur pays d'origine pourraient un jour violer l'intimité d'un foyer américain. La situation a changé, et avec elle la question de savoir pourquoi l'intimité des communications devrait s'arrêter aux frontières nationales.

L'approche européenne

207. A l'intérieur de l'Europe, ces questions sont posées dans le contexte d'accords entre les Etats et les polices,

qui se multiplient et vont bientôt permettre des accords policiers multilatéraux contre les crimes graves, le trafic de drogues et le terrorisme. L'application de ces nouveaux accords réduit ou annule le besoin d'agences de renseignements pour conduire SIGINT, une fois mis en place des arrangements efficaces de collaboration entre les polices.

208. Au niveau technique, *les mesures de protection les plus efficaces pour vaincre l'activité COMINT hostile devraient s'attacher à refuser l'accès, ou, là où cela est difficile ou impossible, à prévenir le traitement du contenu des messages ou des informations liées à leur circulation par un usage généralisé de la cryptographie.*

209. Une résolution du Parlement européen sur "les relations transatlantiques / le système ECHELON"[92], datée de 1998, en appelait à "des mesures de protection des informations économiques et un cryptage efficace". La compréhension en profondeur des capacités présentes et futures de COMINT est de nature à faciliter la mise en œuvre de telles mesures.

210. Selon une autre résolution proposée au Parlement européen par son Comité des Droits du Citoyen en avril 2000, les interceptions internationales doivent

avoir une base légale, être pratiquées dans l'intérêt public et se limiter strictement à la réalisation d'un objectif défini ; et même dans le cas de la lutte contre le crime transfrontalier, des protections adéquates devront être définies quant aux interceptions ; et toute forme d'interception par un Etat-membre devra être notifiée aux Etats-membres sur le territoire desquels les personnes dont les communications sont interceptées sont présentes.

211. La résolution constate également que "à une échelle mondiale, l'émergence de la société d'information n'a pas été accompagnée par une révision correspondante des dispositions concernant la protection des données". Au sujet des perquisitions arbitraires et des fouilles ou saisies abusives, elle affirme que :

toute forme d'interception systématique peut être considérée comme contrevenant à ce principe, même si le but défini est de lutter contre la criminalité internationale...

...tout Etat-membre utilisant un tel système devra cesser de l'employer.

212. Cette résolution n'a pas encore été examinée par le Parlement européen (en août 2000), dans la mesure où il a décidé la création d'un comité temporaire pour enquêter préalablement sur ECHELON.

Questions politiques pour l'Europe

213. Comme l'a reconnu le groupe SOGIS au sein de la Commission européenne[93], la question des intérêts contradictoires des Etats est complexe. Les plus grands Etats ont investi des sommes substantielles dans les équipements COMINT. Un des Etats-membres (la Grande-Bretagne) est actif dans l'alliance UKUSA, tan-

dis que d'autres sont des membres "tiers" de l'UKUSA, ou ont passé des accords bilatéraux avec la NSA. Certains de ces accords ont disparu avec la Guerre Froide, d'autres sont encore en vigueur. Ces questions créent des conflits d'intérêts internationaux. Les solutions techniques ne sont pas évidentes. *Il devrait être possible de définir un intérêt commun dans la mise en œuvre de mesures pour vaincre les futures activités COMINT extérieures dirigées contre des Etats européens, leurs citoyens et leurs activités commerciales.*

214. La volonté des Etats d'assurer une interception des communications dans des buts légitimes de maintien de l'ordre crée une seconde zone de conflit apparent. Les procédures techniques et légales mises en œuvre dans l'interception destinée à des nécessités policières différent fondamentalement de celles qui sont utilisées pour l'espionnage des communications. Mais, en partie parce que les parlementaires et le public n'ont guère conscience des activités COMINT, cette distinction est souvent escamotée, en particulier par les Etats qui investissent lourdement dans COMINT. Chaque manquement à la distinction entre les besoins légitimes d'interception dans des buts de maintien de l'ordre et l'interception pratiquée à des fins d'espionnage soulève de graves questions quant aux libertés civiles. *Une frontière clairement définie entre les nécessités policières et la "sécurité nationale" est essentielle à la protection des droits de l'homme et des libertés fondamentales.*

215. Jusqu'en janvier 2000, les navigateurs Internet et autres logiciels utilisés dans presque tous les ordinateurs privés d'Europe furent délibérément modifiés de sorte que les communications "sécurisées" qu'ils envoyaient puissent être lues sans difficulté par la NSA. Les fabricants américains sont obligés par les règles américaines de l'exportation d'opérer de tels arrangements. Un rééquilibrage est nécessaire. *On pourrait envisager la possibilité d'une contre-mesure par laquelle, si des systèmes au dispositif cryptographique désactivé sont encore exportés par les Etats-Unis, ils pourraient être obligatoirement conformés à un "standard ouvert" de façon à ce que les pays "tiers" [de l'UKUSA] et les autres puissent ajouter des applications supplémentaires qui restaurent au moins le même niveau de sécurité que celui dont jouissent les consommateurs américains.*

216. Dans le domaine de la police, les travaux d'ILETS se sont déroulés pendant sept ans sans que les parlements y aient part, et en l'absence de consultation des organismes industriels dont les intérêts vitaux sont en jeu. Il est regrettable que, avant la publication de la première édition de ce rapport [sur Internet], aucune information sur l'ampleur des processus de décision, dans l'Union Européenne et en dehors, n'ait été rendue publique, processus qui ont abouti à la formulation des anciennes et nouvelles exigences des organismes d'application de la loi (comme utilisateur de COMINT). *Il serait urgent que le processus de décision en cours soit ouvert au débat public et fasse l'objet de discussions parlementaires dans les pays-membres et au Parlement euro-*

péen, de sorte qu'un juste équilibre soit établi entre les exigences de sécurité et les droits privés des citoyens et des entreprises commerciales, les intérêts financiers et techniques des opérateurs de réseaux de communication et des fournisseurs de service, et la nécessité de soutenir les activités de la police visant à éradiquer le crime grave et le terrorisme.

217. Par-dessus tout, le devoir de protéger la confidentialité des communications internationales doit être réaffirmé. Bien que les lois nationales et internationales répondent en principe à ce devoir, il faut, à partir des dispositions existantes, élargir ces instruments et ces conventions de façon à accroître leurs effets. Etant donné les nouveaux accords internationaux de collaboration des polices, le conflit entre les activités SIGINT et les droits de l'homme pourrait être réduit par la restriction de leur champ d'action à des buts militaires spécifiques ou à des questions de sécurité nationale définies bien plus étroitement. A l'intérieur d'une Europe de plus en plus fédérale, unifiée et harmonieuse, il est d'ores et déjà clair qu'il ne peut y avoir d'autre justification pour l'espionnage des communications d'un Etat européen par un autre. Des nations extérieures comme les Etats-Unis ne devraient pas non plus avoir le droit de conduire leurs activités non-régulées et incontrôlées d'espionnage des signaux contre les pays européens ou leurs citoyens.

9. ANNEXE TECHNIQUE

Les communications à large bande

218. De 1950 au début des années 80, les systèmes de communications analogiques multi-canaux à haute capacité étaient généralement conçus avec plusieurs canaux de communications séparés portés à différentes fréquences. Le signal combiné, qui possédait une capacité de 2000 canaux de voix, voire davantage, était un "mutiplex". Le signal *Frequency Division Multiplex* [mutiplexage en fréquence] (FDM) était alors porté à une fréquence beaucoup plus haute, par exemple par un signal radio d'ondes ultra-courtes.

219. Les communications digitales ont presque universellement remplacé les méthodes analogiques. Le système de base des communications multi-canaux digitales est la mise en multiplex par accès multiple à répartition dans le temps (TDM). Dans un système de téléphonie TDM, les canaux de conversation individuelle sont d'abord digitalisés. Les informations au sujet de chaque canal sont transmises de manière séquentielle plutôt que simultanément, chaque lien occupant des plages de temps successives.

220. Les normes des communications digitales ont évolué séparément en Europe et en Amérique du Nord. Aux Etats-Unis, le fournisseur de réseau public alors dominant (le système Bell, dirigé par AT&T) établit des

normes digitales de données. La composante de base, un lien T-1, charrie l'équivalent de 24 lignes téléphoniques à une vitesse de 1,544 Megabits par seconde (Mbps). Des systèmes à plus haute capacité opèrent à des vitesses de transmission de données plus élevés. Ainsi, la plus haute vitesse de transmission, T-5, charrie l'équivalent de 8 000 canaux vocaux à 560 Mbps.

221. L'Europe a adopté une autre structure pour ses communications digitales, obéissant à des normes agréées à l'origine par la Conférence européenne des Postes et Télécommunications (CEPT). Le lien digital de base standard européen, E-1, charrie 30 canaux téléphoniques à une vitesse de transmission des données de 2 Mbps. La plupart des systèmes de télécommunications européens reposent sur des liens de type E-1, ou (comme en Amérique du Nord), des multiples de celui-ci. La distinction est importante parce que la plupart des équipements de traitement COMINT fabriqués aux Etats-Unis sont destinés à opérer sur les communications interceptées fonctionnant sous le système européen de communications digitales.

222. Les systèmes digitaux récents utilisent des signaux synchronisés transmis par des fibres optiques à très haute capacité. La synchronisation des signaux permet que des canaux simples soient facilement isolés des liens à haute capacité. Le nouveau système est connu aux Etats-Unis sous le nom de "Réseau optique synchronisé" (SONET), bien que trois autres définitions et étiquettes équivalentes soient également en usage[94].

Les équipements pour l'espionnage des communications

223. Des dizaines d'entreprises travaillant pour le Département de la Défense, dont beaucoup sont localisées à Silicon Valley (en Californie) ou dans la "ceinture" du Maryland près de Washington, fabriquent des équipements SIGINT sophistiqués pour la NSA. La NSA a également recours à des sociétés américaines importantes telles que Lockheed Martin, Space Systems/Loral, TRW, Raytheon et Bendix pour faire fonctionner les principales bases de collectage SIGINT. Une description exhaustive de leurs productions et des services qu'elles fournissent dépasserait l'objet de cette étude. L'état de la technique dans l'espionnage des communications pourrait être néanmoins éclairé utilement en examinant les produits de traitement COMINT de deux fournisseurs réguliers de la NSA: Applied Signal Technology Inc (AST) de Sunnyvale, en Californie, et The IDEAS Operation, de Columbia, dans le Maryland, qui appartient à la Science Applications International Corporation (SAIC)[95].

224. Ces deux compagnies sont dirigées par des anciens haut-gradés de la NSA. Quand ce n'est pas spécifié explicitement, on peut reconnaître que leurs produits sont destinés à SIGINT à la mention "protégé par un écran TEMPÊTE". L'AST déclare généralement que "ses équipements sont utilisés pour la reconnaissance des signaux des télécommunications étrangères par le gouvernement américain". Un cryptographe de renom a

judicieusement et plaisamment décrit l'AST comme "un bazar ECHELON".

L'extraction des larges bandes et l'analyse des signaux

225. Les signaux à large bande sont habituellement interceptés en provenance de satellites ou de câbles mis sur écoute sous la forme d'ondes ultra-courtes multiplexées ou de signaux à haute fréquence. La première étape du traitement de tels signaux à des fins d'espionnage des communications est "l'extraction des larges bandes". Toute une série d'équipements SIGINT est fabriquée dans ce dessein, ce qui permet la surveillance et l'analyse des systèmes nouvellement interceptés. Parmi ces équipements, on trouve du matériel de sondage par transpondeur qui identifie et classifie les liens au sol des satellites, des démodulateurs, des décodeurs, des démultiplexeurs, des analyseurs de liens radio à ondes ultra-courtes, des unités de surveillance des liens, des systèmes d'analyse du réseau, et beaucoup d'autres formes de *hardware* et de logiciels.

226. Un satellite de communications ou un lien de transmission nouvellement interceptés peuvent être analysés par le "système de caractérisation par transpondeur" modèle 196 d'AST [96]. Une fois que sa structure de communication de base a été analysée, le modèle 195, "l'analyseur instantané de larges bandes", connu également sous le nom de SNAPPER, peut enregistrer des échantillons de données même des systèmes à la plus haute capacité, ce qui suffit à analyser instantanément les communications

de manière détaillée. Au début de 1999, opérant en conjonction avec le modèle 990 ("l'Unité flexible d'acquisition des données"), ce système était capable d'enregistrer, de rediffuser et d'analyser à un niveau de données allant jusqu'à 2,488 Gigabits par seconde (Gbps) (SONET OC-48). *Ce qui représente une vitesse seize fois supérieure à celle des liens dorsaux les plus grands généralement utilisés sur Internet; plus importante que la capacité de téléphonie de n'importe quel satellite de communication actuel; et équivalente à celle de 40 000 appels téléphoniques simultanés.* Il peut être adapté à 48 gigaoctets de mémoire (entre cinq cents et mille fois plus que la mémoire d'un ordinateur personnel standard) rendant possible les enregistrements relativement longs des liens à grande vitesse. La capacité de 2,5 Gbps d'une seule unité SNAPPER excède la quantité de données quotidienne maximum que peut traiter un grand central Internet type.

227. AST et IDEAS offrent toutes les deux une gamme complète d'enregistreurs, de démultiplexeurs, de scanners et de processeurs, conçus principalement pour traiter des signaux de type européen (CEPT) E-1 et E-3 à une vitesse de transmission de plus de 160 Mbps. Les signaux peuvent être enregistrés sur des banques d'enregistreurs sur bande à grande vitesse, ou sur des disques durs à haute capacité en réseau "RAID"[97]. Les signaux optiques interceptés peuvent être examinés avec le modèle 257E de l'AST, "l'analyseur SONET".

228. Une fois que les liens de communication ont été analysés et fragmentés en leurs parties constituantes, le

second stade de collectage COMINT nécessite des processeurs multi-canaux pour extraire et filtrer les messages et signaux des canaux désirés. Il existe trois grandes catégories d'intérêts : les canaux "à qualité vocale", charriant en principe la téléphonie, les communications par fax, et les modems à données analogiques. Un grand choix de processeurs multi-canaux COMINT est disponible. Presque tous séparent la voix, les fax et les messages informatiques en différents "courants" pour le traitement en aval et pour l'analyse.

229. Le modèle 120 de l'AST, un processeur multi-canaux utilisé par la NSA dans différentes configurations connues sous le nom de STARQUAKE, COBRA et COPPERHEAD, peut traiter 1000 canaux de voix différents simultanément et extraire automatiquement la circulation des fax, des données informatiques et des voix. Le modèle 128, encore plus puissant, peut traiter 16 canaux E-3 européens (à une vitesse de transmission de données de 500 Mbps), et extraire 480 canaux intéressants. Le géant du catalogue 1999 d'AST, le modèle 132, un "Démultiplexeur de Canaux de Voix" peut balayer plus de 56 700 canaux de communication, en extrayant plus de 3 000 canaux de voix intéressants. AST fournit également l'équipement SIGINT pour l'interception des services par satellite VSAP [98] à faible capacité, utilisés par de plus petites entreprises et par des particuliers. Ces systèmes peuvent être interceptés par le processeur du modèle AST 285 SCPS, lequel identifie et extrait jusqu'à 48 canaux d'intérêt, divisés en voix, fax et données informatiques.

230. Selon les publications du gouvernement américain, un ancien système d'extraction des larges bandes fut installé à la base de la NSA à Vint Hill Farms en 1970, à peu près à l'époque où débutèrent le collectage et l'interception systématiques de COMSAT. Cette base est maintenant fermée. Les publications américaines désignent le Centre Régional d'opérations SIGINT de la NSA/CSS à San Antonio, au Texas, comme un site assurant actuellement un service d'extraction des larges bandes multi-canaux.

Le filtrage, le traitement des données et l'analyse des fac-similés

231. Une fois que les canaux de communication ont été identifiés et que les signaux intéressants ont été extraits, ils sont analysés de façon plus poussée par des consoles de travail sophistiquées qui utilisent des logiciels spécialisés. La console ELVIRA d'analyse des signaux de l'AST est typique de ce genre d'équipements SIGINT. Ce système, qui peut être utilisé sur un ordinateur portable dans des sites clandestins, inspecte les canaux entrants et extrait les données de norme COMINT, avec les spécifications techniques (STRUM) et les informations au sujet des destinations de l'appel (SRI, ou informations liées au signal). Les communications sélectionnées sont renvoyées en des lieux éloignés sous le format NSA standard "Format des Données des Signaux Collectés" (CSDF)[99].

232. Des systèmes de données à grande vitesse peuvent aussi être passés au logiciel d'AST TRAILMAPPER, qui

travaille à une vitesse allant jusqu'à 2,5 Gbps. Il peut interpréter et analyser toute sorte de système de télécommunications, qu'il soit de modèle européen, américain ou optique. TRAILMAPPER semble avoir été conçu en vue d'analyser les communications ATM (sur mode de tranfert non-synchronique). ATM est un système moderne de communication digitale à forte puissance. Il est mieux adapté que les connections standard à Internet pour charrier la circulation multi-média et fournir des réseaux privés aux entreprises (VPN, LAN, ou WAN). TRAILMAPPER identifiera et caractérisera de tels réseaux commerciaux privés.

233. Au stade suivant, en aval, les signaux interceptés sont traités selon qu'il s'agit de voix, de fax ou de données informatiques. La "console de travail informatique" de l'AST est conçue pour catégoriser tous les aspects des communications de données, avec des systèmes pour traiter les e-mails et pour envoyer des dossiers sur Internet[100]. Bien que les systèmes de modems les plus récents (autres que ISDN) ne soient pas mentionnés dans son descriptif publicitaire, des enquêtes publiées démontrent clairement que l'AST a développé la technologie permettant d'intercepter et de traiter les systèmes de communication de données les plus récents utilisés par des particuliers et des entreprises pour accéder à Internet[101]. La console de travail informatique peut stocker et traiter automatiquement 10 000 signaux enregistrés différents.

234. La console de travail sur images de l'AST traite les messages par fax. Elle est décrite comme "un outil facile,

interactif, pour l'examen rapide d'images stockées sur disque". Bien que cela ne soit pas mentionné dans la documentation de l'AST, le pré-traitement standard des fax pour les ordinateurs Dictionnaire implique un logiciel de "reconnaissance optique des caractères" (OCR), qui transforme le tapuscrit en texte lisible (et traitable) par l'ordinateur. L'efficacité de ces systèmes fait des renseignements COMINT dérivés des fax un important sous-système de collectage. Mais il y a un inconvénient. Les systèmes informatiques OCR capables de reconnaître l'écriture manuelle de façon fiable n'existent pas. Par une ironie du sort, les messages par fax écrits à la main peuvent donc être une forme sûre de communication, qui peut échapper aux critères de surveillance des Dictionnaires, toujours à condition que les "informations liées au signal" (les numéros de fax de celui qui envoie et de celui qui reçoit) n'aient pas été reconnues comme intéressantes et dirigées vers une console de travail sur image fac-similé.

235. AST fabrique également un système d'"Identification et d'extraction des messages de récepteurs d'appel" lequel collecte et traite les données des systèmes commerciaux de réception d'appel. IDEAS propose un Processeur de Visioconférences qui peut montrer ou enregistrer simultanément deux sessions de téléconférences. Les systèmes SIGINT d'interception des réseaux de téléphones mobiles cellulaires ne figurent pas au catalogue d'AST ou d'IDEAS, mais sont disponibles chez d'autres fournisseurs. Les spécifications et la disponibilité immédiate de tels systèmes indiquent

à quel point COMINT s'est industrialisé et a envahi le marché. Nous sommes loin de l'époque où (de manière erronée) COMINT n'était associé publiquement qu'à la gestion des messages diplomatiques ou militaires.

```
L'analyse du trafic,
la reconnaissance des mots clefs,
l'extraction de texte
et l'analyse par sujet
```
236. L'analyse du trafic est une méthode pour se procurer des renseignements à partir des informations liées au signal, comme le numéro composé pour un appel téléphonique, ou les données d'identification de la ligne d'appel (CLID), qui identifient la personne qui passe l'appel. L'analyse du trafic peut être utilisée quand le contenu du message n'est pas accessible, par exemple à cause de l'emploi du cryptage. D'après les échantillons d'appels, on peut analyser et étudier les réseaux d'associations personnelles. C'est là une des méthodes principales pour examiner les communications vocales.

237. A chaque fois que des communications lisibles par la machine sont accessibles, la reconnaissance des mots clefs est fondamentale pour les ordinateurs Dictionnaire et pour le système ECHELON. La fonction du Dictionnaire est simple. Son mode essentiel d'opération est similaire à celui des moteurs de recherche sur le web. Les différences portent sur la nature et l'échelle des données traitées. Les Dictionnaires exécutent les tâches de la station qui les accueille, et automatisent la redistribution du produit brut sélectionné.

238. Des systèmes pointus ont été développés pour opérer un triage à très grande vitesse de volumes importants d'informations collectées. A la fin des années 80, TRW, le fabricant des satellites SIGINT RHYOLITE, a créé et fabriqué une puce de Recherche Rapide de Données (FDF). La puce FDF avait été déclassifiée en 1972 et rendue disponible pour l'usage commercial par une compagnie sous-traitante, Paracel. Depuis lors, Paracel a vendu plus de cent cinquante systèmes de filtrage des informations, beaucoup d'entre eux au gouvernement américain. Paracel décrit sa technologie FDF actuelle comme "le système de filtrage le plus rapide, et le plus facilement adaptable du monde" :

Une seule application de "recherche de texte" peut englober des milliards d'octets d'archives textuelles et des milliers d'utilisateurs connectés, soit des gigaoctets de flux direct d'informations filtrées au vu de dizaines de milliers de profils d'intérêt complexes… La puce de "recherche de texte" exécute les fonctions les plus complètes de comparaison de chaînes de caractères, supérieures à celles de n'importe quel système d'extraction de texte dans le monde.

De tels dispositifs sont idéaux pour être utilisés dans ECHELON et le système Dictionnaire.

239. IDEAS fabrique un système à plus faible capacité, le Processeur de reconnaissance de modèle PRP-9800. Il s'agit d'un fichier informatique adaptable à tout PC standard. Il peut analyser les flux de données jusqu'à 34 Mbps (soit le modèle européen E-3), en comparant chaque bit à plus de 1000 modèles sélectionnés.

240. Aussi puissants les méthodes Dictionnaire et les outils de recherches par mots clefs soient-ils, ils pourraient très vite, tout comme les bases de données géantes qui leur sont associées, se révéler archaïques. L'analyse par sujet est une technique plus puissante et plus intuitive. La NSA la développe et la soutient avec confiance. L'analyse par sujet permet aux clients de COMINT de demander à leurs ordinateurs de "leur trouver des documents sur un sujet X". X peut aussi bien être "*Shakespeare in Love*" que "les armes vendues à l'Iran".

241. Dans un test américain standard utilisé pour évaluer les systèmes d'analyse par sujet, une des tâches assignées au programme d'analyse est de dénicher des informations au sujet des "subventions à Airbus"[102]. L'approche traditionnelle consiste à assister l'ordinateur en lui fournissant les termes clefs, d'autres données pertinentes, et des synonymes. Dans cet exemple, les désignations A-300 ou A-200 peuvent servir de synonymes à "Airbus". Le désavantage de cette approche est qu'on risque de tomber sur des renseignements non-pertinents (par exemple, des rapports au sujet des aides à l'exportation dont bénéficient les marchandises transportées par Airbus), et de passer à côté de la documentation pertinente (par exemple l'analyse financière d'une compagnie du consortium qui ne mentionne pas le produit Airbus par son nom). L'analyse par sujet triomphe de ces difficultés et se rapproche plus de l'intelligence humaine.

242. La principale avancée visible des recherches de la NSA sur l'analyse par sujet repose sur une méthode

appelée "l'analyse N-gram". Développée par le groupe de recherches de la NSA – responsable de l'automation de SIGINT – l'analyse N-gram est une méthode rapide pour trier et extraire du texte lisible par la machine selon la langue et/ou le sujet. Le système N-gram est réputé pour travailler indépendamment de la langue utilisée ou du sujet étudié. La NSA fit breveter le système en 1995[103].

243. Pour utiliser l'analyse N-gram, l'usager délaisse les mots clefs et définit la recherche en fournissant au système un choix de documents écrits relatifs au sujet d'intérêt. Le système détermine quel est le sujet à partir du groupe de documents initial, et calcule alors la probabilité qu'il puisse exister d'autres documents ayant trait au même sujet. En 1994, la NSA lança sur le marché son système N-gram. Le groupe de recherches de la NSA affirmait *qu'il pouvait être utilisé sur un ensemble de données très important (des millions de documents), qu'il pouvait être mis en place rapidement sur n'importe quel système informatique, et qu'il pouvait opérer efficacement "sur des textes contenant un fort taux d'erreurs (en général 10 ou 15 % des caractères".*

244. Selon l'ancien directeur de la NSA William Studeman, "la gestion des informations sera le plus important problème pour la communauté des services secrets" dans le futur[104]. Explicitant ce point en 1992, il décrivit le type de filtrage impliqué dans des systèmes comme ECHELON de la façon suivante :

Un seul système de collectage d'informations [non-identifié] peut générer un million de données entrantes (*inputs*) par demi-heure ; les filtres ne conservent que 6 500 données entrantes ; seuls 1 000 *inputs* croisent les critères de redistribution, 10 *inputs* sont en principe sélectionnés par des analystes et un seul rapport est produit. Telles sont les statistiques approximatives pour nombre de systèmes de collectage d'information et d'analyse qui trient des informations techniques.

Les systèmes de reconnaissance vocale

245. Depuis plus de quarante ans, la NSA, l'ARPA, le GCHQ et l'Unité Commune de Recherche sur la Parole du gouvernement britannique entreprennent et financent des recherches sur la reconnaissance vocale. Plusieurs articles de journaux (de même que le précédent rapport du STOA) ont laissé entendre que de telles recherches avaient abouti à des systèmes qui pourraient sélectionner automatiquement les communications téléphoniques présentant un intérêt sur la base de l'utilisation par le locuteur de mots clefs définis. S'ils existaient, de tels systèmes pourraient permettre de rassembler, à partir des conversations téléphoniques, une information COMINT beaucoup plus vaste que celle fournie par les autres méthodes d'analyse. L'assertion voulant qu'on trouve facilement des systèmes de ciblage des mots adaptés au téléphone semble confirmée par la récente mise sur le marché d'une gamme de logiciels à bas prix qui résultent de ces recherches. Ces produits permettent aux utilisateurs de PC de dicter les données à leur ordinateur plutôt que de les entrer à l'aide du clavier[105].

246. Le problème est que, pour les applications COMINT, à la différence des produits de dictée aux ordinateurs personnels, les systèmes de reconnaissance vocale doivent opérer dans un environnement à plusieurs locuteurs, dans plusieurs langues, où de nombreux locuteurs encore jamais entendus peuvent présenter des différences physiologiques, des variations dialectales, ou des particularités de prononciation. Les systèmes commerciaux des PC nécessitent généralement une heure ou plus d'entraînement pour reconnaître de façon fiable un seul locuteur. Même alors, de tels systèmes risquent de mal retranscrire 10 % ou plus des mots dictés.

247. Dans les applications de dictée des PC, le locuteur peut corriger les mauvaises transcriptions et mettre à jour continuellement le système de reconnaissance, en modérant le taux d'erreur pour le ramener à un niveau acceptable. Pour l'utilisation dans COMINT, où le système d'interception n'a pas de connaissance préalable de ce qui a été dit (ou même de la langue utilisée), et doit opérer dans l'environnement plus pauvre en signaux d'une ligne téléphonique, il est impossible de réduire à ce point le taux d'erreur. Pire encore, même un taux d'erreur modéré suffit à rendre inopérant un système de reconnaissance de mots clef, en générant à la fois des données sortantes positives fausses (mots identifiés à tort comme mots clefs) et des données sortantes négatives fausses (en passant à côté des véritables mots clefs).

248. Cette étude n'a pas trouvé d'éléments prouvant que des systèmes de reconnaissance vocale par mots clefs soient actuellement utilisés de manière opérationnelle, ni qu'ils soient suffisamment précis pour qu'on les utilise à des fins d'espionnage.

La reconnaissance vocale continue

249. La technique fondamentale dans nombre d'applications de reconnaissance vocale est une méthode statistique nommée Hidden Markov Modelling (HMM). Les systèmes HMM ont été développés dans plusieurs centres et on dit en milieu universitaire qu'ils offrent "une bonne performance de ciblage des mots avec très peu ou pas du tout d'entraînement acoustique"[106]. L'équipe qui rapporta ce résultat testa son système en utilisant des données "Switchboard" du Département américain de la Défense, qui contiennent les enregistrements d'un millier de conversations téléphoniques américaines différentes. Dans un test limité, les probabilités de détecter correctement les occurences de vingt-deux mots clefs allaient de 45 à 68 % avec une marge autorisée de 10 faux résultats positifs par mot clef par heure. Ainsi, si mille véritables mots clefs apparaissaient dans une conversation d'une heure, il y en aurait au moins trois cents de manqués, et deux cent vingt fausses alertes.

250. Autour de la même époque (février 1990), l'organisation SIGINT canadienne CSE signa avec un cabinet-conseil de recherche informatique basé à Montréal le premier d'une série de contrats visant à développer un système COMINT de ciblage des mots[107]. Le but du

projet était de fabriquer un cibleur de mots qui fonctionnerait même pour les appels au son brouillé. Trois ans plus tard, le CRIM rapporta que "notre expérience nous a appris que, sans prendre en compte les conditions environnementales, le ciblage des mots reste un problème difficile". Le problème central, familier aux auditeurs humains, est qu'un mot entendu seul peut facilement être mal interprété, tandis que dans un discours continu le sens peut être déduit des mots qui l'entourent. Le CRIM conclut en 1993 "qu'il est probable que le moyen le plus efficace pour fabriquer un cibleur de mots fiable est de fabriquer un système de reconnaissance vocale continue avec un vocabulaire large".

251. Un logiciel de reconnaissance vocale continue travaillant en temps réel nécessite un processeur puissant et rapide. En raison du manque d'entraînement et de l'environnement signalétique complexe qu'on trouve dans les appels téléphoniques interceptés, il est probable que même des processeurs plus rapides et de meilleurs logiciels que ceux utilisés dans les PC modernes fourniraient des résultats plus pauvres que ceux qui sont assurés par les systèmes commerciaux bien rodés. De façon significative, le problème récurrent est que *la reconnaissance vocale par mots clefs est, tout comme les messages lisibles par la machine, un moyen imparfait pour le but premier des services de renseignements, le ciblage par sujet.*

252. En 1993, ayant échoué à fabriquer un cibleur de mots efficace, le CRIM suggéra d'"éluder" le problème

et de tenter, à la place, de créer un cibleur de sujets par la voix. Le CRIM rapportait que "les expériences préliminaires dont fit état un récent meeting de fournisseurs de la Défense américaine indiquaient que cela pourrait en fait être une excellente approche du problème". Ils se proposaient de produire "un système de ciblage par sujet opérationnel" pour 1995. Ils échouèrent. Quatre ans plus tard, ils faisaient encore des expériences pour trouver comment fabriquer un cibleur de sujet par la voix[108]. Ils décrochèrent un autre contrat de recherches. Une des méthodes proposée par le CRIM était la technique N-gram de la NSA.

L'identification du locuteur et autres techniques de sélection des messages vocaux

253. En 1993, le CRIM s'engagea également à fournir à la NSA un module de reconnaissance du locuteur opérationnel pour mars 1995. Rien d'autre n'a filtré au sujet de ce projet, ce qui laisse penser que l'objectif a dû être atteint. La même année, selon des documents de la NSA, la compagnie IDEAS fournit aux bureaux de la NSA à l'intérieur du GCHQ à Cheltenham un "Détecteur et Analyseur d'Activité Vocale", modèle TE464375-1. Cette unité formait le centre d'un système de gestion par la voix de quatorze ordinateurs. Celui-ci peut aussi avoir constitué un système précoce d'identification du locuteur.

254. En 1995, des rapports abondamment cités laissaient entendre que le système d'identification du locuteur de la NSA avait été utilisé pour aider à la capture

du chef du cartel de la drogue Pablo Escobar. Les rapports présentaient de fortes ressemblances avec certain roman de Tom Clancy, ce qui suggère que cette histoire devait plus à Hollywood qu'à la haute technologie. En 1997, le CRE canadien passa un contrat avec un nouveau chercheur pour développer "de nouveaux algorithmes de reconnaissance des caractéristiques de la parole utilisés afin d'identifier le locuteur", ce qui laisse présumer que cette méthode n'était pas alors arrivée à pleine maturité. Selon les équipes SIGINT familières de l'usage courant du Dictionnaire, celui-ci peut être programmé pour chercher à identifier des locuteurs particuliers sur des lignes téléphoniques. Mais l'identification du locuteur n'est toujours pas une technique COMINT particulièrement fiable ou efficace[109].

255. En l'absence de ciblage des mots efficace ou de techniques d'identification du locuteur, la NSA a recherché des moyens alternatifs d'analyser les communications téléphoniques. Selon le guide de classification de la NSA, les autres techniques envisagées sont : la détection de la parole, qui signale la présence ou l'absence d'activité vocale ; les techniques de discrimination du locuteur pour distinguer la parole de deux locuteurs ou plus ; et l'estimation de lisibilité pour déterminer la qualité des signaux vocaux. Les descriptions du système seront classées "secrètes" si la NSA "décide qu'elles représentent des avancées majeures par rapport aux techniques connues dans la communauté des chercheurs"[110].

La subversion des systèmes cryptographiques

La réduction du volume de travail

256. Des années 40 à nos jours, la NSA a sapé l'efficacité des systèmes cryptographiques fabriqués ou utilisés en Europe. La cible la plus importante de la NSA était Crypto AG, une compagnie suisse. Celle-ci était devenue un important fournisseur de systèmes de codage et de cryptage après la Seconde Guerre mondiale. De nombreux gouvernements se méfiaient des produits mis en vente par les grandes puissances. Au contraire, les compagnies suisses bénéficiaient dans ce secteur de la neutralité et de l'image d'intégrité de leur pays.

257. La NSA s'arrangea pour trafiquer les systèmes de cryptage vendus par Crypto AG, permettant ainsi aux agences UKUSA de lire le flux de messages diplomatiques et militaires codés de plus de cent trente pays. L'intervention secrète de la NSA se fit par l'intermédiaire du propriétaire-fondateur de la compagnie, Boris Hagelin, et consistait en visites périodiques de "consultants" américains travaillant pour la NSA. Nora L. Mackabee, une employée à plein temps de la NSA, était du nombre. Un journal américain se procura des copies de documents confidentiels de Crypto AG, lesquels mentionnaient "la présence de Mme Mackabee à une série de discussions sur la conception d'une nouvelle machine de Crypto AG en 1975"[III].

258. Le but des interventions de la NSA était de s'assurer que leur système de codage paraisse sûr aux autres cryptologues, sans l'être pour autant. A chaque fois qu'on utilisait une machine, on devait sélectionner une longue clef numérique, modifiée périodiquement. Les utilisateurs désiraient évidemment choisir leurs propres clefs, inconnues de la NSA. Pour que les machines de Crypto AG paraissent fiables aux testeurs extérieurs, leur système de codage devait fonctionner, et par conséquent être effectivement fiable. La solution de la NSA à ce cassetête apparent était de concevoir la machine de façon à ce qu'elle livre la clef qu'elle utilisait à ceux qui recevaient les messages. Pour éviter que d'autres destinataires ne découvrent la chose, la clef devait également être envoyée en code – un code différent, connu seulement de la NSA. Ainsi, à chaque fois que la NSA ou le GCHQ interceptaient un message envoyé à partir de ces machines, ils commençaient par lire leur propre partie codée du message, les "hilfsinformationen" (informations auxiliaires) et extraire la clef utilisée par la cible. Ils pouvaient alors lire le message aussi vite ou même plus vite que le destinataire d'origine[112].

259. La même technique fut réutilisée en 1995, quand la NSA s'intéressa aux systèmes de sécurité cryptographiques intégrés dans Internet et les logiciels de courrier électronique par Microsoft, Netscape et Lotus. Ces compagnies acceptèrent d'adapter leurs logiciels de façon à réduire le niveau de sécurité pour les utilisateurs à l'extérieur des Etats-Unis. Dans le cas des *Lotus Notes*, qui comprenaient un système d'e-mail sécurisé, le dis-

positif cryptographique intégré utilise une clef de cryptage de 64 bits. Elle assure un niveau moyen de sécurité, qui ne peut à l'heure actuelle être décodé par la NSA qu'en plusieurs mois ou plusieurs années.

260. Lotus intégra une fenêtre "d'information de l'aide" de la NSA à son système de *Notes*, comme le découvrit le gouvernement suédois, à son grand embarras, en 1997. A l'époque, le système était utilisé quotidiennement pour du courrier confidentiel par les membres du parlement suédois, quinze mille employés du trésor public et entre quatre et cinq cent mille citoyens. Les *Lotus Notes* incorporaient "un champ de réduction du volume de travail" (WRF) dans tous les e-mails envoyés par des utilisateurs non-américains. Comme auparavant avec les "informations auxiliaires" de Crypto AG, lire les e-mails européens et autres, grâce à ce dispositif, au lieu d'être un problème presque inextricable, devenait une affaire de quelques secondes. Le WRF diffuse 24 des 64 bits de la clef utilisée pour chaque communication. Le WRF est encodé et utilise un système de "clef publique" qui ne peut être lue que par la NSA. Lotus, une firme d'IBM, reconnaît ce fait. Ils ont déclaré au *Svenska Dagbladet* :

> La différence entre la version américaine des *Notes* et la version destinée à l'exportation réside dans le degré de cryptage. Nous fournissons des clefs à 64 bits à tous les clients, mais, dans la version que nous vendons hors des Etats-Unis, 24 de ces bits sont déposés au gouvernement américain [113].

261. Des dispositifs similaires sont intégrés dans toutes les versions des "navigateurs" web de Microsoft et Netscape destinées à l'export. Chacun utilise une clef standard de 128 bits. Dans la version destinée à l'exportation, cette clef n'est pas raccourcie. En revanche, 88 bits de la clef sont diffusés à chaque message ; 40 bits restent secrets. Il s'ensuit que presque chaque ordinateur en Europe possède, comme caractéristique standard intégrée, un système de réduction du volume de travail pour permettre à la NSA (et à elle seule) de forcer le code de l'usager, et de lire les messages sécurisés.

262. L'utilisation de systèmes puissants et efficaces de cryptage va restreindre de plus en plus la capacité des agences COMINT à traiter les renseignements collectés. La "loi de Moore" affirme que le coût de la mise en marche d'un ordinateur diminue de moitié tous les dix-huit mois. Ce fait affecte à la fois les agences et leurs cibles. Des PC peu coûteux sont maintenant capables d'effectuer les complexes calculs mathématiques nécessaires à une cryptographie efficace. En l'absence de nouvelles découvertes en physique ou en mathématiques, la loi de Moore favorise plutôt les faiseurs de codes que les décrypteurs.

GLOSSAIRE ET DÉFINITIONS

ATM : Asynchronous Transfer Mode [Mode de transfert asynchronique] ; une forme de communication digitale à grande vitesse de plus en plus utilisée pour Internet.

BND : Bundesnachrichtendienst, l'agence de renseignements extérieurs de la République fédérale d'Allemagne. SIGINT fait partie de ses fonctions.

CCITT : Consultative Committee for International Telephony and Telegraphy [Comité consultatif pour la téléphonie et la télégraphie internationales] ; agence de l'ONU qui développe les standards et les protocoles de télécommunications, appartient à l'UIT (Voir ce terme).

CEPT : Conférence Européenne des Postes et Télécommunications.

CLID : Calling Line Identification Data [Données d'identification de la ligne d'appel].

COMINT : Communications Intelligence [Interception des communications].

COMSAT : (Civil / commercial) communications satellite [Satellite de communications (civiles / commerciales)] ; pour les communications à usage militaire, la phraséologie est inversée ; i.e. SATCOM.

CRIM : Centre de la Recherche Informatique de Montréal.

CSDF : Collected Signals Data Format [Format des données des signaux collectés] ; terme utilisé exclusivement pour SIGINT (voir ce terme).

CSE : Communications Security Establishment [Agence de sécurité des communications] ; l'agence SIGINT canadienne.

CSS : Central Security Service [Service central de sécurité] ; la composante militaire de la NSA (voir ce terme).

DARPA : Defence Advanced Research Projects Agency [Agence des projets de recherche de pointe de la Défense]; Département américain de la Défense.

DGSE : Direction Générale de la Sécurité Extérieure ; l'agence de renseignements extérieurs de la France. SIGINT fait partie de ses fonctions.

DSD : Defence Signals Directorate [Directorat des signaux de la défense] ; l'agence SIGINT australienne du Commonwealth.

DODJOCC : Department of Defence Joint Operations Centre Chicksands [Centre de Chicksands des opérations conjointes du département de la Défense].

EI, E3 (etc) : Standard de système de communications TDM ou digitales défini par la CEPT (voir ce terme), et principalement utilisé en Europe et hors de l'Amérique du Nord.

ENFOPOL : Désignation de l'Union européenne pour les documents concernant le maintien de l'ordre, et la police.

FAPSI : Federalnoe Agensvo Pravitelstvennoi Svyazi Informatsii ; agence fédérale des communications et de l'information du gouvernement en Russie. SIGINT fait partie de ses fonctions.

FBI : Federal Bureau of Investigation [Bureau fédéral d'investigation]; l'agence nationale de maintien de l'ordre et de contre-espionnage des Etats-Unis.

FDF : Fast Data Finder [Chercheur de données rapide] ; terme d'informatique.

FDM : Frequency Division Multiplex [Multiplexage en fréquence] ; une forme de communication multi-canaux basée sur des signaux analogiques.

FISA : Foreign Intelligence Surveillance Act [Loi sur la surveillance des renseignements extérieurs] (Etats-Unis).

FISINT : Foreign Instrumentation Signals Intelligence [interception des signaux de l'instrumentation étrangère] ; la troisième branche de SIGINT.

Gbps : Gigabits par seconde.

GCHQ : Government Communications Headquarters [Quartiers généraux gouvernementaux des communications] ; l'agence SIGINT du Royaume-Uni.

Ghz : GigaHertz.

HDLC : High-level Data Link Control [Contrôle des liaisons de transmissions de haut niveau].

HF : Haute fréquence ; fréquences de 3 Mhz (voir ce terme) à 30 Mhz.

HMM : Hidden Markov Modelling ; technique largement utilisée dans les systèmes de reconnaissance vocale.

ILETS : International Law Enforcement Telecommunications Seminar [Séminaire international des agences de maintien de l'ordre – les polices – pour les télécommunications].

Intelsat : International Telecommunications Satellite [Satellite de télécommunications internationales].

IOSA : Interim Overhead SIGINT Architecture [Architecture générale SIGINT provisoire].

Iridium : Système de communications personnelles par satellite mettant en œuvre 66 satellites en orbite terrestre basse, permettant les communications mondiales des téléphones mobiles.

ISDN : Integrated Services Data Network [Réseau numérique à intégration de services].

ISP : Internet Service Provider [Fournisseur d'accès à Internet].

IUR : International User Requirements [Exigences d'utilisateur international (pour l'interception des communications)]. L'IUR 1.0 fut préparé par ILETS en 1994.

IXP : Internet Exchange Point [Central Internet].

LAN : Local Area Network [Réseau local].

LEA : Law Enforcement Agency [Agence de maintien de la loi : police]

Mbps : Megabits par seconde.

Mhz : MegaHertz.

Modem (modulateur-démodulateur) : Dispositif pour envoyer et recevoir des données sur, par exemple, un ordinateur.

MIME : Multipurpose Internet Message Extension ; système utilisé pour envoyer des dossiers informatiques, des images, des documents et des programmes en "pièces jointes" à un message e-mail.

N-gram analysis : Système d'analyse des documents textuels ; dans ce contexte, système pour comparer un vaste ensemble de documents à un plus petit qui définit un sujet d'intérêt. La méthode repose sur le comptage de la fréquence à laquelle des groupes de caractères d'une longueur N apparaissent dans chaque documents, d'où l'appellation N-gram.

NSA : National Security Agency [Agence pour la sécurité nationale] ; agence SIGINT des Etats-Unis.

OCR : Optical Character Recognition [Reconnaissance optique des caractères].

Ondes ultra-courtes : Signaux radio émettant des ondes d'une longueur de 10 centimètres ou moins, fréquences supérieures à 1 Ghz.

PC : Personal Computer [ordinateur personnel].

PCS : Personal Communications System [système de communications personnelles] ; le terme recouvre les systèmes de téléphones mobiles, de *pagers* et les futurs liens radio à zone élargie pour les ordinateurs personnels.

POP ou POP3 : Post Office Protocol ; système utilisé pour recevoir et conserver le courrier électronique.

PTT : Posts Telegraph and Telephone [Poste, Télégraphe et Téléphone] (Administration ou autorité).

RAID : Redundant Arrays of Inexpensive Disks : système de stockage des données sur ordinateur utilisant un disque dur.

SCI : Sensitive Compartmented Intelligence [Informations confidentielles compartimentées] ; utilisées pour limiter l'accès à l'information COMINT selon des "compartiments".

SCPC : Single Channel Per Carrier [Un seul canal par support] ; système de communication par satellite à faible capacité.

SIGAD : SIGINT Activity Designator ; code indiquant le site d'interception qui a collecté un message particulier.

SIGINT : Signals Intelligence [interception des signaux].

SONET : Synchronous Optical Network [réseau optique synchronique].

SMDS : Switched Multi-Megabit Data Service [Service de commutation de données par paquets].

SMO : Support for Military Operations [soutien aux opérations militaires].

SPCS : Satellite Personal Communications Systems [Système de communications personnelles par satellite].

SRI : Signal Related Information [Informations liées au signal] ; terme utilisé uniquement dans le cadre de SIGINT.

STOA : Scientific and Technical Options Assessments Office of the European Parliament [Bureau d'évaluation des options techniques et scientifiques du Parlement européen].

STRUM : Signal Technical Recognition Universal Module [Module universel de reconnaissance technique des signaux] ; terme SIGINT utilisé pour classifier les types de systèmes des communications interceptées.

T1, T3 (etc) : Système de communication digitale ou TDM défini à l'origine par le système Bell de téléphone en Amérique du Nord, et utilisé principalement dans cette partie du globe.

TCP/IP : Transmission Control Protocol / Internet Protocol ; ensemble de protocoles gérant la circulation des données sur Internet.

TDM : Time Division Mutiplex [Multiplexage par accès multiple à répartition dans le temps] ; forme de communications multi-canaux basée sur des signaux digitaux.

Traffic Analysis : Analyse du trafic ; à l'intérieur de SIGINT, méthode d'analyse et d'obtention de renseignements à partir des messages sans se référer à leur contenu ; par exemple en étudiant l'origine et la destination des messages en vue d'élucider la relation entre l'émetteur et le récepteur, ou les groupes de relations.

UIT : Union internationale des télécommunications.

UKUSA : Accord UK/USA (Royaume-Uni/Etats Unis).

VPN : Virtual Private Network [Réseau virtuel privé].

VSAT : Very Small Aperture Terminal [terminal à très petite ouverture]; système de communication par satellite à faible capacité desservant les usagers privés ou les entreprises.

WAN : Wide Area Network [réseau étendu].

WRF : Workfactor Reduction Field [Champ de réduction du volume de travail].

WWW : World Wide Web [Réseau mondial Internet].

X.25, V.21, V.34, V.90, V.100 (etc) : standards de communication du CCITT.

NOTES

1. Duncan Campbell, "They've got it taped", *New Statesman*, 12 août 1988; et Nicky Hager, *Secret Power : New Zealand's Role in the International Spy Network*, Craig Potton Publishing, PO Box 555, Nouvelle-Zélande, 1996.

2. La version originale du rapport *Interception Capabilities 2000* est disponible en format PDF sur le site du Parlement européen, *http:/www.europarl.eu.int/dg4/stoa/en/publi/pdf/98-14-01-2en.pdf* (en anglais seulement). Les autres rapports sur "Le développement de la technologie de surveillance et les risque d'abus des informations économiques" sont accessibles sur le site *http:/www.europarl.eu.int/dg4/stoa/en/publi/default.htm#up*. Des copies imprimées peuvent être commandées, hors taxe, en en faisant la demande par lettre, fax ou e-mail à :

Frans Schaerlaeken, Parlement Européen, STOA SCH 04A035, L-2929 Luxembourg. Fax : (352) 4300-22418 ou 4300-24167, e-mail : fschaerlaeken@europarl.eu.int.

3. Commentaire fait par le Sénateur Frank Church durant l'enquête du Sénat américain sur la NSA en 1975.

4. Quartiers généraux des communications du gouvernement.

5. Le terme d'UKUSA se réfère à l'accord entre le Royaume-Uni (UK) et les Etats-Unis (USA) au sujet de l'espionnage des signaux. Les nations signataires sont les Etats-Unis (Partie Première) et le Royaume-Uni, le Canada, l'Australie et la Nouvelle-Zélande (Partie Seconde)

6. *An apraisal of technologies of political control*; rapport pour le Bureau d'évaluation des Options Techniques et Scientifiques (STOA) du Parlement européen, par le Dr Steve Wright, Fondation Omega, Manchester, Royaume-Uni, janvier 1998.

7. SIGINT est actuellement défini comme consistant en COMINT, ELINT (interception des signaux électroniques ou non-communicationnels) et FISINT (interception des signaux de l'instrumentation étrangère).

8. Directive n°6 sur les renseignements du Conseil de Sécurité Nationale, Conseil de Sécurité Nationale des Etats-Unis, 17 février 1972 (la première version date de 1952).

9. Les accords sont parfois appelés "Autorité TEXTA". TEXTA, pour "Extraits Techniques de l'Analyse du Trafic", est en effet une liste volumineuse des sources de communication identifiées par chaque agence. Cette liste est classée et divisée par pays, utilisateurs, réseaux, types de système de communication et autres caractéristiques.

10. Nommés IRSIG.

11. Citation de Martin Brady, directeur du DSD, 16 mars 1999. Diffusé dans le "Programme du Dimanche", Channel 9 TV (Australie), le 11 avril 1999.

12. "Adieu", adressé au personnel de la NSA par William Studeman le 8 avril 1992.

13. *Federalnoe Agenstvo Pravistvennoi Svyazi i Informatsii*, l'agence fédéale russe pour les communications et l'information du gouvernement. Les fonctions de la FAPSI dépassent COMINT ; elle assure également les systèmes de communication gouvernementaux et commerciaux.

14. Communications privées d'anciens employés de la NSA et du GCHQ.

15. Renseignements confidentiels compartimentés.

16. Voir note 1.

17. Communications privées d'anciens employés du GCHQ.

18. Rapport annuel du *Communication Security Establishment*, Ministère des Travaux Publics et des Services gouvernementaux, Ottawa, Canada, 1998.

19. Voir note 11.

20. En 1919, des compagnies du câble américaines tentèrent de résister aux demandes du gouvernement anglais pour obtenir l'accès à tous les câbles envoyés à l'étranger. Trois compagnies du câble témoignèrent de ces pratiques devant le Sénat américain en décembre 1920. La même année, le gouvernement britannique mit en vigueur une législation (la Loi sur les Secrets officiels, 1920, section 4) assurant l'accès à tous les types de communications spécifiés. Le même pouvoir fut réglementé en 1985, assurant un accès légal à toutes "les communications externes", définies comme l'ensemble des communications envoyées ou reçues en dehors du Royaume-Uni pour des motifs de COMINT (Loi sur l'interception des Communications, 1984, section 3(2)). Les lois des autres pays de l'UKUSA stipulent des exigences similaires à l'égard des opérateurs de télécommunications. Voir aussi "l'opération SHAMROCK" (section 3).

21. Décrits également comme "International common carrier".

22. *Intelligence activities and the rights of the Americans*, p. 60.

23. James Bamford, *The Puzzle Palace*, Boston, Houghton Mifflin, 1982, p.331.

24. La NSA a enregistré six messages intercontinentaux de l'avocat à Sirhan, révèle le FBI, *Washington Post*, 3 aout 1977.

25. Le pourvoi en appel de Mme Fonda et de M. Hayden pour obtenir les données les concernant fut rejeté le 30 octobre 1979.

26. Communications privées d'anciens employés de la NSA et du GCHQ.

27. "Dispatches : The Hill", diffusé par Channel 4 Television, le 6 octobre 1993. DODJOCC signifie : Centre de Chicksands des opérations conjointes du Département de la Défense.

28. Geoffrey Robertson, *The Justice Game,* Chapitre 5, Londres, Chatto and Windus, 1998.

29. Rapport Fink au Comité de la Chambre des Représentants, *New Statesman*, 25 juillet 1980.

30. Major A. Andronov, *Amerikanskie sputniki radioelektronnoy razvedki na Geosynchronnykh orbitakh* [les satellites américains SIGINT géosynchroniques], *Zarubezhnoye Obozreniye*, n° 12, 1993, pp. 37-43.

31. Jeffrey Richelson "Space Collection", in *The U.S. Intelligence Community* (quatrième édition), Boulder, Colorado, Westview, 1999, pp. 185-191.

32. Richelson, *op. cit.*

33. Mark Urban, *UK Eyes Alpha*, Londres, Faber and Faber, 1996, pp. 56-65.

34. En plus des bases mentionnées, il existe une importante station terrestre à Misawa, au Japon. Ses cibles comprenaient auparavant les COMSAT soviétiques. On trouve des bases plus petites à Cheltenham, en Angleterre, et Shoel Bay, en Australie.

35. Jeffrey Richelson, *Sword and Shield: The Soviet Intelligence and Security Apparatus,* Cambridge, Massachussets, Ballinger, 1986.

36. Jean Guisnel, "Les Francais aussi écoutent leurs alliés", *Le Point*, 6 juin 1998.

37. *Intelligence* (Paris), 93, 15 février 1999, p. 3.

38. Sherry Sontag et Christopher Drew, *Blind man's Bluff: the untold story of American submarine espionage*, New York, Public Affairs, 1998.

39. *Ibid.*

40. *Ibid.*

41. Sy Hersh, "The Intelligence Gap – How the digital age left our spies out in the cold", *New Yorker*, 6 décembre 1999.

42. Un gigaoctet représente mille millions d'octets, un mot d'un texte anglais représentera en moyenne 5 ou 6 octets (à moins qu'il ne soit compressé). Un tel lien pourrait transmettre quotidiennement plus de mots qu'il n'y en a dans la bibliothèque du Congrès.

43. Un spécimen de l'équipement d'enregistrement de l'IVY BELLS est conservé au musée de l'ancien KGB à Moscou. Cet exemplaire était

utilisé sur un câble reliant Moscou à une institution scientifique et technique proche.

44. TCP/IP : Protocole de Contrôle du Terminal / Protocole Internet. IP est la couche de réseau de base d'Internet.

45. Voir le site web du GCHQ à l'adresse : http://www.gchq./gov.uk/technol html.

46. Communications privées de l'Agence d'Evaluation et de Recherche de la Défense (DERA). Un teraoctet représente 1 000 gigaoctets.

47. Communication privée de John Young.

48. Wayne Madsen, "Puzzle palace conducting internet surveillance", *Computer Fraud and Security Bulletin*, juin 1995.

49. *Ibid.*

50. Duncan Campbell, "More Naked Gun than Top Gun", *The Guardian*, 26 novembre 1997.

51. Mike Frost et Michel Gratton, *Spyworld*, Toronto, Doubleday, 1994.

52. L'Agence de sécurité nationale (NSA) et les Droits du quatrième Amendement. Auditions devant la Commission d'enquête parlementaire sur les opérations du gouvernement en matière d'activités d'espionnage, Sénat américain, Washington, 1976.

53. Lettre du lieutenant-général Lew Allen, directeur de la NSA à l'Avocat général des Etats-Unis Elliot Richardson, 4 octobre 1973 ; jointe au document précédent.

54. Communication privée.

55. *World in Action*, Granada TV.

56. Ces arrangements semblent être une tentative de se conformer aux restrictions apportées par la Loi sur l'interception des communications de 1985, laquelle interdisait au GCHQ de traiter les messages à l'exception de ceux qu'identifiaient des "certificats" gouvernementaux qui "décrivent comment le matériel intercepté doit être examiné". La loi spécifie que "tout le matériel intercepté non spécifié par le certificat ne doit être lu, regardé ni écouté par personne." Il en ressort que,

bien que tous les messages transitant par le Royaume-Uni soient interceptés et envoyés au bureau londonien du GCHQ, l'organisation considère qu'étant donné que c'est l'équipe de British Telecom qui fait fonctionner l'ordinateur Dictionnaire, ils sont encore sous le contrôle de l'opérateur du réseau de télécommunications, à moins que et/ou jusqu'à ce qu'ils soient sélectionnées par le Dictionnaire pour passer des BT au GCHQ.

57. Communications privées.

58. *New Statesman* (G-B), 12 août 1998. A l'époque, Mlle Newsham était une source d'informations confidentielle et son nom n'était pas mentionné dans l'article. En février 2000, vivant retirée et luttant contre une grave maladie, Mlle Newsham accepta d'être identifiée comme la source directe des informations sur ECHELON. Elle apparut également dans un programme télévisé de CBS au sujet d'ECHELON, "Sixty Minutes" (diffusé le 27 février 2000).

59. Voir note 1.

60. "ECHELON P-377 Work Package for CARBOY II" publié sur *http://cryptome.org/echelon-p377.htm*

61. Un organisme indépendant qui, entre autres fonctions, catalogue les documents du gouvernement américain obtenus grâce à la Loi sur la liberté de l'Information.

62. *Missions, Functions and Tasks of Naval Security Group Activity* (NAVSECGRUACT), Sugar Grove, Virginie de l'Ouest, 3 septembre 1991. Naval Security Group Command Regulation C5450.48A, 8 août 1996.

63. Des commentateurs se sont demandé si l'utilisation du mot ECHELON pour des affaires de niveaux différents dans ce document et dans d'autres documents militaires américains n'indiquait pas que le mot n'était pas un nom de code mais était employé dans sa signification militaire ordinaire. En tenant compte du contexte des documents, il ressort évidemment que cela n'est pas le cas ; de plus le mot

apparaît en capitales dans les instructions de la NSG à Sugar Grove demandant de "faire fonctionner un site ECHELON" (*sic*) *http://www.gwu.edu/-nsarchiv/NSAEBB/NSAEBB23/09-03.htm*. On peut aussi trouver d'autres documents importants relatifs aux stations ECHELON sur le site web des Archives Nationales de la Sécurité à *http://www.gwu.edu/-nsarchiv/NSAEBB/NSAEBB23/index2.html*. Un document de l'Air Force référencé à *http://www.gwu.edu/-nsarchiv/NSAEBB/NSAEBB23/12-03.htm* se réfère également à "L'activation d'unités ECHELON".

64. Rapport sur les tâches du Détachement 3, 544ᵉ Groupe de Renseignement. *Air Intelligence Agency Almanac*, U.S. Air force, 1998-1999.

65. *Ibid*. Détachement 2, 544ᵉ Groupe de Renseignement.

66. Les détails de la mission furent mis par écrit; la partie manquante correspondrait aux mots "communications civiles".

67. Informations recueillies par Bill Robinson, Conrad Grebel College, Waterloo, Ontario. Les documents du CDF et du CFS ont été obtenus en vertu de la Loi sur la liberté de l'information, ou publiés sur le *World Wide Web*.

68. Résumé de la carrière de Patrick D. Duguay publié sur *http://home.istar.ca/-pdduguay/resume.htm*.

69. Rapport du CSE sur sa situation financière, 1ᵉʳ mars 1996, paru en vertu de la Loi sur la liberté de l'information. Il n'y avait pas de plus amples informations sur ECHELON. Il est donc difficile de dire si les dépenses étaient destinées au système d'ordinateurs ECHELON ou à d'autres fonctions (par ex. les télécommunications ou les services d'électricité).

70. *Ekstabladet*, 8 mars 2000.

71. Les pages, précédemment disponibles sur *http://www/aia.af.mil/homepages/cc/inddays/544 indu*, furent retirées après la publication de l'article.

72. "Setting The Record Straight – Air Force Agency Does Not Admit to Spying on Red Cross", ABC News Online, 31 mars 2000.

73. "Dispatches : The Hill", Channel 4 Television (G-B), 6 octobre 1993.

74. *Ibid.*

75. Scott Shane, "Mixing business with spying ; secret information is passed routinely to U.S.". [Le mélange d'affaires et d'espionnage ; des informations secrètes sont régulièrement communiquées aux Etats-Unis], *Baltimore Sun*, 1er novembre 1996.

76. "Uncle Sam's Eavesdroppers, Close Up North", 3 décembre 1998, mentionné dans "Star Wars strikes back", *The Guardian*, 3 décembre 1998.

77. Voir "U.S. spying pays off for business", (14 avril 2000) et "U.S. steps up commercial spying", (7 mai 2000) de Robert Windrem, tous les deux sur msnbc.com.

78. Scott Shane et Tom Bowman, "America's Fortress of Spies", *Baltimore Sun*, 3 décembre 1995.

79. Dossier de presse de la Raytheon Corp : disponible sur *http://www.raytheon.com/sivam/contract.html*

80. Voir note 74.

81. Robert Dreyfus, "Company Spies @", *Mother Jones*, mai-juin 1994.

82. *Financial Post*, Canada, 28 février 1998.

83. *UK Eyes Alpha*, *op. cit.*, p. 235.

84. Communication privée.

85. Entretien avec David Herson, chef du groupe des officiers supérieurs sur la sécurité de l'information de l'Union européenne, par l'équipe de *Engineering Weekly* (Danemark), 25 septembre 1996. Publié sur *http://www.ing.dk/arkiv/herson.htm*.

86. L'écran TEMPÊTE permet d'éviter que des signaux radio soient émis par les moniteurs d'ordinateurs et les autres équipements électroniques.

87. John Millis s'est suicidé dans un motel des environs de Washington en mai 2000. Aucun motif n'a été donné pour expliquer son geste.

88. Résolution du Conseil sur l'interception légale des télécommunications, 17 janvier 1995 (96C-329/01).

89. *Harmonisation internationale des exigences techniques pour l'interception légale des télécommunications*, Résolution 115, dixième réunion plénière du Conseil de l'UIT, Genève, 27 juin 1997.

90. ENFOPOL 98, Brouillon de résolution du Conseil sur l'interception des télécommunications concernant les technologies nouvelles. Soumis par la présidence autrichienne, Bruxelles, 3 septembre 1998.

91. ENFOPOL 19, 13 mars 1999.

92. Parlement européen, 16 septembre 1998.

93. Voir note 56.

94. Les communications équivalentes sont parfois nommées Signaux de Module de Transport Synchrone (STM) à l'intérieur de la Hiérarchie Digitale Synchrone (standard de l'UIT), Signaux de transport syncrone (STS) à l'intérieur du système SONET américain, ou encore Signaux à Support Optique (OC).

95. Les informations au sujet de ces systèmes SIGINT sont extraites uniquement de sources publiques.

96. En avril 1999, le niveau d'information le plus élevé à MAE West était de moins de 1,9 Gbps.

97. *Redundant Arrays of Inexpensive Disks*, système de stockage des données sur ordinateurs utilisant le disque dur.

98. Terminal à très petite ouverture ; SCPC = un seul canal par support.

99. "Format des données des signaux collectés" ; défini dans la directive 126 sur l'espionnage des signaux et dans le manuel CSDF de la NSA. Deux publications conjointes de la NSA offrent des conseils supplémentaires : le *Voice Processing Systems Data Element Dictionnary* et le *Facsimile Data Element Dictionnary*, parus tous deux en mars 1997.

100. La console Data comprend TCP/IP, PP, STMP, POP3, MIME,

HDLC, X.25, V.100 et les protocoles modernes jusqu'au V.42 inclus (voir glossaire).

101. J.R. Treichler, M.G. Larimore et J.C. Harp "Practical Blind Demodulators for high order QAM signals", Proc IEEE, 86, 10, 1998, p. 1907. M. Treichler est le directeur technique de l'AST. L'article décrit un système utilisé pour intercepter les signaux V. 34 multiples, qui peut être étendu aux protocoles plus récents.

102. Les tâches furent établies à la deuxième conférence sur l'extraction de texte (TREC), organisée par l'ARPA et l'Institut national de science et de technologie des Etats-Unis (NIST), à Gaithesburg dans le Maryland. La septième conférence annuelle du TREC eut lieu dans le Maryland en 1999.

103. "Method of retrieving documents that concern the same topic" [Méthode pour extraire des documents sur un même sujet donné], Brevet américain n°5418951, décerné le 23 mai 1995. Inventeur : Marc Damashek (droits attribués à la NSA).

104. Déclaration au symposium sur "la sécurité nationale et la compétitivité nationale : solutions d'accès ouvert" par le vice-amiral William Studeman, Directeur adjoint de Central Intelligence et ancien directeur de la NSA, 1er décembre 1992, à McLean, en Virginie.

105. Par exemple le Via Voice d'IBM, le Naturally Speaking de Dragon ou le Voice Xpress de Lemout and Hauspe.

106. R.C. Rose et D.B. Paul, "A Hidden Markov Model based keyword recognition system", Débats de la Conférence internationale sur le traitement des matériaux acoustiques, vocaux, et des signaux, avril 1990.

107. Centre de la Recherche Informatique de Montréal.

108. Projet détection des thèmes, CRIM, 1997, publié sur *http://www.crim.ca/adi/projet2/html/*.

109. Communication privée.

110. *NSA/CSS Classification Guide*, NSA, révisé le 1er avril 1983.

111. Tom Bowman, Scott Shane, "Rigging The Game : Spy Sting", *Baltimore Sun*, 10 décembre 1995.

112. "Wer ist des Befugte Vierte?", *Der Spiegel*, 36, 1996, pp 206-207

113. Fredrik Laurin, Calle Froste, "Secret Swedish E-Mail Can Be Read by the U.S.A" [le courrier électronique protégé de la Suède peut être lu aux Etats-Unis], *Svenska Dagbladet*, novembre 1997.

TABLE

INTRODUCTION À L'ÉDITION FRANÇAISE 7

1. LA POLÉMIQUE ECHELON 11
   L'interception des signaux (SIGINT) 11
   Le projet ECHELON 13

2. LES ORGANISATIONS COMINT ET LEURS MÉTHODES 15
   Qu'est-ce que l'interception des communications ? 15
   L'alliance UKUSA 17
   Le système SIGINT américain 21
   Les autres organismes de COMINT 24
   Comment fonctionne l'interception 24
   La planification 25
   L'accès et le collectage 25
   Le traitement 27
   La production et la dissémination 29

3. L'INTERCEPTION DES
   COMMUNICATIONS INTERNATIONALES 33
   Les communications passant par un exploitant
   de réseau international 33
   Les câbles subaquatiques 34
   Les satellites de communication 34
   Les techniques de communication 35
   Le collectage des communications par ILC 36
   L'accès 36
   L'interception des télégrammes : l'opération SHAMROCK 36
   L'interception des ondes radio à haute fréquence 40

L'interception dans l'espace des réseaux interurbains 42
L'interception au sol des liaisons hertziennes 45
Les satellites SIGINT 49
Le collectage des ILC de COMSAT 51
L'interception des câbles subaquatiques 53
L'interception d'Internet 59
Tableau 1 : L'interception aux centraux Internet 64
Le collectage secret des signaux à haute capacité 65
Les nouveaux réseaux satellite 67

4. LE TRAITEMENT DES COMMUNICATIONS INTERCEPTÉES 69
Les ordinateurs Dictionnaire 69
   L'automatisation de la liste de surveillance 69
   L'ordinateur Dictionnaire de Westminster, à Londres 71
   Le projet P-285 (SILKWORTH) 72
   Le projet P-377 (CARBOY II) 74
   Le projet P-415 (ECHELON) 75
   Les techniques de traitement des ILC 79
Documents prouvant l'existence d'ECHELON 81
   Les unités ECHELON de Sugar Grove,
   Virginie et Yakima, Washington 81
   Sabana Seca, unité d'interception COMSAT et ECHELON 84
   Leitrim, Ontario, Canada 85
   Les cibles des stations ECHELON 86

5. COMINT ET L'ESPIONNAGE COMMERCIAL 89
La politique d'espionnage commercial 89
   La politique de l'administration Clinton 90
   Le collectage de renseignements économiques 94
   Les effets de l'"aplanissement du terrain" 96

*Tableau 2 : Contrats remportés grâce à la politique
américaine de "soutien"* 98
L'espionnage économique au sein de l'UKUSA 102
Le ciblage des pays d'accueil 103

6. COMINT ET LA POLICE 105
Dévoiement des exigences de la police 105
Tableau 3 : Rencontres ILETS 1993-1998 110

7. LES CAPACITÉS D'INTERCEPTION APRÈS L'AN 2000 111
Les évolutions technologiques 111
Le développement de la politique d'interception
des organismes de police en Europe 114

8. VIE PRIVÉE, LOI ET COMMUNICATIONS INTERNATIONALES 117
Les conclusions clefs de ce rapport 117
SIGINT et la loi internationale 118
L'approche européenne 122
Questions politiques pour l'Europe 124

9. ANNEXE TECHNIQUE 129
Les communications à large bande 129
Les équipements pour l'espionnage des communications 131
L'extraction des larges bandes et l'analyse des signaux 132
Le filtrage, le traitement des données et l'analyse des fac-similés ... 135
*L'analyse du trafic, la reconnaissance des mots clefs,
l'extraction de texte et l'analyse par sujet* 138
Les systèmes de reconnaissance vocale 142
La reconnaissance vocale continue 144

*L'identification du locuteur et autres techniques
de sélection des messages vocaux*................................146
La subversion des systèmes cryptographiques...................148
La réduction du volume de travail..............................148

GLOSSAIRE ET DÉFINITIONS.......................................153

NOTES...159

ACHEVÉ D'IMPRIMER EN JANVIER 2001
SUR LES PRESSES DE L'IMPRIMERIE
SAGIM À COURTRY
POUR LE COMPTE DES ÉDITIONS ALLIA

ISBN : 2-84485-052-9
DÉPÔT LÉGAL : JANVIER 2001

1RE ÉDITION : JANVIER 2001
2^{E} ÉDITION : JANVIER 2001